A mes parents

FÊTES & TRADITIONS DE FRANCE

Alain-François Lesacher

Le Grand Livre du Mois

1868
1867
Mais arrivez donc! ils vont commencer la comédie du nouvel an, vous allez joliment rire; moi je m'en vais, j'en ai assez!
1868
Comment, tu n'es pas contente de ma visite, cependant je t'apporte tes étrennes : d'abord un an de plus, deux dents de moins, quelques rides avec la patte d'oie!
1868
Quoi, c'est encore vous? voulez-vous bien vous en aller, c'est insupportable O les vilains gourmands!!
Allons, partons en visites de jour de l'an! Quelle scie, quelle comédie; il s'agit de prendre une figure de circonstance, je crois que je serai assez déguisé comme ça!
Cher Monsieur, je suis heureux de vous souhaiter une bonne année et tout ce qui peut vous être agréable (et que le diable t'emporte le plus tôt possible).
— Et vous pareillement, bonne santé et bonne réussite dans vos entreprises. (J'aurais du plaisir à aller bientôt à ton enterrement.)
Chère Madame, je vous la souhaite bonne, voulez-vous me permettre? (Dieu quelle corvée!!)
Avec plaisir, Madame! (O que je rage, que je la déteste, j'ai envie de la mordre...)
Je n'ai pas le sou, et dire qu'il faut que je donne au moins 5 francs d'étrennes à mon affreux portier. N'est-ce pas révoltant?
— Es-tu bête? moi je vais donner au mien pour ses étrennes une vieille paire de bottes
Dis donc, Maman? ce Monsieur-là ne m'a pas apporté d'étrennes...
Eh bien, Mademoiselle, voulez-vous bien vous taire!!!
Fichtre, comment faire, les étrennes de Fifine m'ont ruiné... et ma cousine?
Bast, tant pis, je lui donnerai une orange.
Mais allez donc, Mr Ernest, il est permis d'embrasser les demoiselles aujourd'hui.
Sapristi! quelle belle occasion.
Allons, du courage!
Madame, voulez-vous me permettre de vous la souhaiter? (Ça va faire enrager le mari qui est jaloux comme un rhinocéros!!)
Quelle bête d'invention que ce nouvel an, voilà ce galopin qui embrasse ma femme à mon nez!!
Je voudrais que celui qui a inventé les étrennes eût les tours Notre-Dame dans le ventre. (C'était bon dans le temps que j'en recevais...)
Il faudrait que ce soit tous les jours le nouvel an, dis Berthe? Ah oui, tous les jours les étrennes, que cela serait donc amusant; c'est joliment bon les marrons glacés!
Mon capitaine... je vous souhaite une... une bonne année... bonne... santé... et... hoc... pardon, excuse, mon capitaine, je suis un peu ému.
Vois-tu, mon bon ami, je me suis acheté cette jolie robe pour tes étrennes. N'est-ce pas que tu la trouve de ton goût?
Elle ne coûte que 245 francs!
Madame, je vous j'apporte vos étrennes.
O vraiment, M. Pierre, vous êtes trop aimable!
Du tout, moi je ne donne pas des bettises comme tous ces ferluquets, je donne toujours quéque choge d'utile dans lé ménage!
J'ai tant souhaité la bonne année aujourd'hui... que je ne peux plus me tenir!
Il n'y a encore rien qui fasse plus plaisir à une femme qu'une crinoline... Fameuse idée... Voilà des étrennes qui ne coûtent pas cher et qui font beaucoup d'effet.
Je suis d'une fureur... figurez-vous m'ame Polichon, que le locataire du second a bien eu le front de me donner quatre sous comme à une pauvre... et ça fait des embarras... rafalée, va!

JANVIER

Le vent dominant au jour de l'an existe moitié de l'an.
Si le soir des rois beaucoup d'étoiles tu vois,
sécheresse en été tu auras et œufs au poulailler.
Beaux jours de janvier trompent l'homme en février.
Les douze premiers jours de janvier indiquent
le temps qu'il fera les douze mois de l'année.
Manteau de neige dans les prés, manteau de foin prochain été.
S'il fait beau à la Saint-Guillaume, il y aura beaucoup de blé aux chaumes.
Si les mouches dansent au grenier, ménage ton foin au grenier.
Pie dans la ferme, neige à court terme.
Janvier sec et beau remplit les tonneaux.
D'habitude à la Saint-Maur, moitié de l'hiver dehors.
Dieu te garde d'un bon janvier.
S'il gèle à la Saint-Sulpice, l'hiver sera propice.
Pluies de janvier ne vont pas dans le panier.
À la Saint-Sébastien, l'hiver reprend ou se casse les dents.
Saint-Vincent clair et beau, plus de vin que d'eau.
Mieux vaut un voleur dans le grenier que le beau temps en janvier.
Janvier d'eau chiche fait le paysan riche.
L'hiver est dans un bissac : s'il n'est pas dans un bout, il est dans l'autre.
Prends garde à la Sainte-Martine, l'hiver se mutine.
Saint-Sébastien avec du gel emporte l'herbe et promet du miel.
Un mois avant, un mois après Noël, le froid est bon et naturel.
Mieux vaut un chien enragé que le chaud en janvier-février.
Beau temps aux Rois, blé jusqu'au toit.
Les éclairs en hiver annoncent neige et tempête.

Les Très Riches Heures du duc de Berry, *détail du manuscrit représentant l'influence des signes du Zodiaque, Musée Condé, Chantilly.*

Janvier

Janus Bifrons, fils d'Apollon vivant sur le bord du Tibre, avait le pouvoir de connaître à la fois le passé et l'avenir. Il a donné son nom au premier mois de l'année. Comme lui, il regarde à la fois l'année écoulée et l'année à venir, riche d'incertitude, d'angoisse mais aussi d'espoirs. De quoi sera faite l'année nouvelle ? Quels événements en jalonneront le cours ? Tout au plus pouvons-nous saluer son arrivée de nos vœux.

Le calendrier

Le jour correspond à l'intervalle de temps moyen entre deux passages du Soleil au méridien. Le mois a pour origine la durée de la « révolution synodique » de la Lune, ou lunaison, qui sépare deux nouvelles lunes consécutives. Elle varie de 29 jours et 6 heures à 29 jours et 20 heures. L'année représente une révolution complète de la Terre autour du Soleil.

Toutes ces notions astronomiques et quelque peu arides sont implicitement comprises dans le calendrier. Si l'horloge marque les temps courts, le calendrier indique les temps longs : jours, semaines, mois, années. Cette notion est née à l'aube des civilisations lorsque les hommes prirent conscience de la fuite du temps. Chez les Romains, le mot « calendes » désignait le premier jour du mois : ce jour-là, un pontife appelait le peuple de Rome pour lui faire connaître les jours fériés. Les calendes n'existaient pas dans le calendrier grec, aussi les Romains inventèrent-ils avec malice l'expression « payer aux calendes grecques », c'est-à-dire jamais !

Le plus populaire des calendriers est incontestablement l'almanach des Postes. Ce fidèle compagnon qui, durant 365 jours, voire… 366, cherche à vous rendre service est un plus que centenaire qui se porte bien. Sa première publication remonte à 1849, l'année de la création du timbre-poste. Sa vente sera officialisée et répandue en 1855 par l'administration générale des Postes. L'almanach des P.T.T. est désormais devenu une tradition bien établie. Chaque année, les 70 000 facteurs, pardon, préposés, apportent dans tous les foyers des villes et des campagnes françaises, avec leurs bons vœux de nouvel an, les almanachs qu'ils ont eux-mêmes choisis chez l'un des six éditeurs français, selon les goûts des habitants qu'ils desservent. Personne ne songerait à refuser l'almanach de cet homme qui, chaque jour, par tous les temps, vous porte les nouvelles, bonnes et moins bonnes, et qui n'hésite pas, non plus, à rendre de nombreux services.

La longévité et la réputation de l'almanach des P.T.T. reposent sans nul doute sur son intérêt et sa capacité d'adaptation : à

Adoration
des Rois mages.
Jan Bruegel
(1568-1625), peinture.
Musée des Beaux-Arts,
Vienne.

chaque époque son illustration, avec cependant des constantes.

Au début du siècle, les « Hommages du facteur » fleurissent. Les sports, les transports, les travaux des champs ont connu leurs heures de gloire. Les années de guerre sont l'occasion de populariser les militaires et les armées alliées. Les expositions universelles constituent d'excellents sujets, comme la famille, les enfants et les grands événements. Les paysages, qu'ils soient maritimes, montagnards ou rupestres invitent toujours à l'évasion. Depuis quelques années, les héros de bandes dessinées ont fait leur apparition. Ils ne sont cependant pas prêts de détrôner les animaux familiers, parmi lesquels les « adorables » petits chats et les « bons gros » chiens se taillent la part du… lion.

L'Épiphanie

Longtemps fixée au 6 janvier par une décision du pape Jules II prise au Ve siècle, l'Épiphanie est maintenant célébrée en France le premier dimanche de janvier. Cette fête, qui n'est plus chômée depuis le Concordat, célèbre l'Adoration de l'Enfant Jésus par les Rois mages. Guidés par l'étoile miraculeuse jusqu'à l'humble crèche de Bethléem, Balthazar venu de Chaldée, Melchior d'Arabie et Gaspard d'Éthiopie furent parmi les tout premiers à adorer l'Enfant fils de Dieu, le Messie, dont les prophètes avaient annoncé la venue. En hommage, ils lui apportèrent de l'or, reconnaissant ainsi que Jésus est le roi du monde, de l'encens pour signifier qu'il est Dieu et de la myrrhe annonçant qu'il sera un Messie souffrant qui passera par la mort. Deux évangélistes n'évoquent pas cet événement : Matthieu et Luc en parlent sans toutefois utiliser l'expression « Rois mages » ni citer de nombre précis : « Voici que des Mages venus d'Orient... » Le nombre trois a vraisemblablement été choisi symboliquement en lien avec la Sainte Trinité.

Qu'importent les détails ! Seul le fond du message est important. Des bergers, les plus pauvres, les plus méprisés ont été les premiers à apprendre la naissance de Jésus, venu pour sauver tous les hommes. Les savants, les riches, à l'image des Rois mages, peuvent eux aussi le rencontrer à condition de se laisser habiter par l'humilité, la simplicité, la générosité. Comme l'étymologie l'indique, à l'Épiphanie, c'est, en Jésus, la manifestation de Dieu aux pauvres et aux puissants de ce monde.

Épiphanie

Donc Balthazar, Melchior et Gaspard, les rois mages
Chargés de nefs d'argent, de vermeil et d'émaux
Et suivis d'un très long cortège de chameaux
S'avancent, tels qu'ils sont dans les vieilles images.

De l'Orient lointain, ils portent les hommages
Au pied du fils de Dieu, né pour guérir les maux
Que souffrent ici-bas l'homme et les animaux :
Un page noir soutient leurs robes à ramages.

Sur le seuil de l'étable où veille Saint Joseph
Ils ôtent humblement la couronne du chef
Pour saluer l'enfant qui rit et les admire.

C'est ainsi qu'autrefois,
sous Auguste César
Sont venus, présentant l'or,
l'encens et la myrrhe
Les rois mages Gaspard,
Melchior et Balthazar.

José Maria de Heredia
« Les Trophées »

Les Rois mages, Balthazar, Melchior et Gaspard, carte postale.

La galette des Rois

De toute façon, croyants ou non partageront en famille ou entre amis la galette des Rois, qui a survécu à toutes les tourmentes de l'Histoire. Durant la Révolution, n'est-elle pas devenue le gâteau de l'Égalité et l'Épiphanie la fête des sans-culottes ? Feuilletée à Paris, briochée à Lyon, façonnée en couronne en Provence, fourrée à la frangipane dans toutes les régions, la galette des Rois est toujours une occasion de réjouissances. Le plus jeune convive, caché sous la table, ordonne la distribution des parts, dont une supplémentaire est destinée selon les régions à la Vierge, à Dieu ou aux pauvres. La fève qui désigne un roi ou une reine permet d'être couronné. Son origine se perd dans la nuit des temps. Chez les Égyptiens, elle était l'objet de vénération : persuadés qu'elle était douée d'une vertu de fécondité, ils n'osaient pas en manger et la protégeaient d'un voile dans les temples. Les Hébreux utilisaient les fèves blanches et noires en guise de bulletins de vote.

Autrefois simple haricot, la fève prit les formes les plus variées : trèfles à quatre feuilles, Enfant Jésus emmailloté, fer à cheval, petits animaux. De nos jours, elle est souvent remplacée par un santon de Provence peint à la main et émaillé au four, ou un héros de bandes dessinées, parfois par un louis d'or. Objet de convoitise, la fève est devenue un objet de collection.

La galette des Rois, apparemment aussi innocente qu'appétissante, suscita la fureur d'un janséniste du XVIIIe siècle. L'abbé Deslions partit en guerre contre cette pratique et condamna véhémentement « l'esprit de satan qui préside à la Fête sous le nom et l'invocation de quelque idole. Une telle coutume de faire ainsi des rois ne peut venir que des magiciens et non des mages, des adorateurs de

Bacchus et non des adorateurs de Jésus ». Peut-être assimilait-il cette coutume aux Saturnales qui se déroulaient à Rome à la même époque de l'année ? À cette occasion, les soldats tiraient au sort, grâce à une fève, un condamné à mort qui devenait « roi » le temps des réjouissances. Une fois les Saturnales achevées, la sentence était exécutée. Serait-ce l'origine du roi de la fève de l'Épiphanie ?

Diderot, dans son « Encyclopédie », se contenta au même siècle de qualifier cette fête de « divertissement innocent ».

Condamnée, débaptisée, déconsidérée, la galette des Rois a réussi néanmoins à surmonter tous les obstacles pour le grand plaisir de tous les gourmands ! Entre amis ou en famille, toutes les occasions sont bonnes pour tirer les rois !

La manne, détail *des* Femmes au lavoir, *Tintoret*, détail, *Venise*.

Aristide Boucicaut, le « père du blanc »

Aussitôt les fêtes de fin d'année passées, jouets, jeux, décorations et autres accessoires rejoignent les réserves des grands magasins. Comme sur la piste du cirque, les vendeuses, tels d'habiles prestidigitateurs, font disparaître prestement guirlandes, boules dorées et autres parures de fête pour laisser la place au blanc.

Un blanc désormais tout en couleurs ! Blanc et janvier marchent de pair depuis plus d'un siècle. Cette idée, comme bien d'autres qui ont révolutionné le commerce, est à mettre à l'actif d'Aristide et Marguerite Boucicaut, un couple aux origines modestes qui avait le goût du travail bien fait et une stupéfiante intuition des nouveaux besoins du public.

Le fils du chapelier de Bellême quitte à vingt ans sa petite ville natale pour devenir commerçant ambulant. Il parcourt toutes les routes de Normandie, interpellant, baratinant, marchandant âprement. Fort de son expérience, Aristide Boucicaut, aussi courageux qu'ambitieux, décide de « monter à Paris ». Son premier emploi le conduira à vendre des châles dans un magasin de la rue du Bac, « Au petit Saint-Thomas ». Très rapidement, il devient chef de rayon, mais le magasin, victime de lourdes taxes, doit fermer ses portes. Au chômage, Aristide Boucicaut va réagir. Il ne fait pas partie de ceux qui se laissent abattre lorsque l'adversité les frappe. Ses maigres économies de 50 000 francs lui permettent, en 1852, de s'associer à Videau, propriétaire d'une boutique de nouveautés à l'enseigne du « Bon Marché ». Cette maison qui végète permettra à Boucicaut de mettre en pratique ses idées novatrices, basées sur son intuition et sa connaissance des méthodes commerciales pratiquées outre-Atlantique : séduire et fidéliser la clientèle. Il commence par lancer la vente à prix fixe. Une révolution ! Jusqu'alors

Portrait d'Aristide Boucicaut, inventeur du mois du blanc.

toutes les transactions commerciales se font à la tête du client : une paire de chaussettes ou un bonnet de nuit se vendent comme le reste, le plus cher possible. Aristide Boucicaut diminue dans des proportions importantes sa marge bénéficiaire. Autre idée insolite : pour lui, le client est roi. Il mérite d'être respecté, séduit, courtisé afin de le fidéliser.

Un jour d'hiver, en contemplant la neige qui recouvre la rue de Sèvres, il invente « le blanc » qui sera suivi par les soldes d'hiver et d'été. De nos jours, on en profite en toute saison ! Un an après, ses concurrents amusés, inquiets ou sceptiques, doivent se rendre à l'évidence. Le jeune farfelu, audacieux et intrépide, a gagné son pari : le « Bon Marché » est redevenu une affaire florissante. En cinq ans, son chiffre d'affaires atteint 3 millions or, passe à 7 millions en 1860 et 17 millions en 1863.

Aristide Boucicaut rachète en 1864 les parts de son associé qui ne peut plus suivre ce rythme. Il est désormais seul maître à bord. Chez Boucicaut on livre à domicile, on vend sur catalogue, on expédie gratuitement toute commande supérieure à 25 francs et surtout, on reprend les articles qui ne plaisent plus. Chez Boucicaut, on trouve tout, en toute sécurité et en toute liberté. Le « Bon Marché » ne désemplit pas. Le succès attire les imitateurs : les Galeries du Louvre, le Printemps, fondé par un ancien chef de rayon du « Bon Marché », la Samaritaine voient le jour. Le monde entier copie cette nouvelle forme de commerce. Cette réussite incontestable et exceptionnelle est celle d'un couple. Aristide Boucicaut est en effet remarquablement bien secondé par sa femme, la bonne et simple Marguerite, dont l'esprit d'entreprise, l'ardeur au travail et le courage sans égal sont exemplaires. Un flot d'une centaine de voitures et de cent cinquante chevaux colportant le nom de « Bon Marché » dans tout Paris symbolise cette ascension sociale, qui force l'admiration.

Alors que les menaces de guerre grondent, les Boucicaut décident en 1869 la construction d'un grand magasin fonctionnel, véritable cathédrale du commerce de grande surface. À une époque où les conditions de travail des employés sont draconiennes, le personnel du « Bon Marché » bénéficie d'avantages sociaux exceptionnels : primes sur les ventes, cantine gratuite, service médical gratuit, congés annuels, jours fériés, repos le dimanche, participation du personnel aux bénéfices... Tous les employés appelés sous les drapeaux pendant la guerre de 1870 percevaient une indemnité de 15 francs par jour et étaient assurés de retrouver leur emploi à leur retour. Aristide Boucicaut, surnommé parfois le juste, participe à sa manière à l'effort de guerre en faisant don aux organisations de blessés de sommes très importantes.

En 1877, à soixante-sept ans, ce philanthrope disparaît. Deux ans après, son fils unique qu'il avait envoyé étudier le marché américain en vue d'une implantation éventuelle le suit dans la mort. Marguerite Boucicaut, l'humble orpheline apprentie blanchisseuse devenue la commerçante la plus célèbre et la plus fortunée de Paris, se retrouve seule à poursuivre l'œuvre entreprise. Elle ne déméritera pas. Création d'une caisse de retraite pour le personnel, dons considérables à l'Institut Pasteur, transformation du « Bon

Marché », affaire familiale, en société par actions, témoignent de sa fidélité à l'action menée par son époux et à sa philosophie.

Dix ans après Aristide Boucicaut, Marguerite meurt à son tour, sans descendance. Sa fortune est considérable. L'ouverture de son testament révèle qu'elle a nommé l'Assistance publique légataire universelle. Un certain nombre de legs particuliers sont cependant mentionnés. Ils sont destinés aux employés du « Bon Marché », à son village natal et à celui de son mari, aux journalistes malheureux, aux prêtres catholiques démunis, aux œuvres du grand rabbin de Paris, à l'Église réformée, à l'Église russe… Sa maison est transformée en maison de repos pour le personnel du « Bon Marché » et une partie de la succession doit être consacrée à la création d'un hôpital moderne, l'actuel hôpital Boucicaut.

Oui, celle que l'on appelait affectueusement « la bonne dame du Bon Marché » méritait bien ce qualificatif !

Au gui l'an neuf !

La nuit de la Saint-Sylvestre est l'occasion de nombreuses manifestations de joie dans l'attente des douze coups de minuit annonciateurs d'une nouvelle année. L'heure est aux vœux et aux bonnes résolutions. Tout paraît alors possible, comme par magie. On s'embrasse et on se congratule dans l'allégresse, sous le gui.Cette plante parasite aux vertus hypotensives, dont la durée de vie peut atteindre quarante ans, est gage de bonheur depuis l'Antiquité. Chez les Gaulois, le gui du chêne rouvre était un arbrisseau sacré jouissant d'une mystérieuse réputation. Chaque année, au sixième jour de la lune qui succède au solstice d'hiver, c'est-à-dire à une date correspondant dans notre calendrier au 1er janvier, une grande fête du gui était organisée. À une époque de l'année particulièrement sombre, où les nuits paraissent interminables et parfois même angoissantes, les jours de plus en plus courts et le soleil de plus en plus pâle, il est réconfortant de regarder pousser le gui. Ne réussit-il pas, lui, à rester bien vert, bien vivant, sur un arbre que la vie semble avoir abandonné ? Pour nos ancêtres, le chêne était la plante du soleil et le gui l'arbuste de la lune. Sa récolte était l'objet d'un cérémonial rituel. Le druide vêtu de blanc, les pieds lavés et nus, montait dans l'arbre et coupait avec une serpe d'or le gui que l'on recueillait au vol dans un grand drap blanc. On faisait la plus extrême attention à ce qu'en aucun cas il ne tombe par terre. Tous ses pouvoirs surnaturels auraient alors été aspirés dans les profondeurs du sol ! En procédant à cette cueillette, le druide ne manquait jamais, paraît-il, de prononcer haut et fort une formule incantatoire : « O ghel an heu ! », qui signifierait « Que le blé lève ! » et dont les effets sur la fécondité de la terre étaient assurés. Elle a subi au fil des âges tant de déformations qu'elle serait à l'origine de la désormais célèbre et traditionnelle expression « Au gui l'an neuf ! ».

Le gui était un talisman aux vertus innombrables. Cette plante de l'Autre Monde passait pour lutter contre la stérilité, écarter les démons, rendre les guerriers invincibles, guérir d'une infinité de poisons et accomplir mille autres bienfaits. Au siècle dernier, dans le Quimpérois, on célébrait encore la fête du gui : les jeunes filles portaient sur elles un sachet de ses cendres dans l'espoir de trouver un époux. De nos jours, le gui est entouré de moins de considération : les lois du 24 décembre 1888 et du 21 juin 1893 obligent les propriétaires à couper le gui sur leurs arbres, sous peine d'amende. Balder, fils du dieu Idrin, mourut un jour d'une flèche en bois de gui tirée en plein cœur par un démon hargneux nommé Loki. Le conseil des dieux décida de ressusciter Balder et d'empêcher le jeune arbuste de pousser en terre. Alors, la déesse Frig, mère de Balder, enjoignit au gui de monter dans un arbre et de n'en jamais plus decendre. Voilà pourquoi, selon la mythologie allemande, le gui pousse sur les arbres. Pour d'autres, la croix du supplice de Jésus aurait été en bois de gui. Pour le punir d'avoir prêté son concours à une si mauvaise action, le gui aurait été condamné à être réduit à devenir une plante parasite.

Marchand de gui en Bretagne, symbole du porte-bonheur.

FÉVRIER

Autant l'alouette chante avant la chandeleur, autant elle se tait après.
Pour Saint-Blaise de la neige jusqu'à la queue de l'âne.
Le lendemain de la Saint-Blaise, souvent l'hiver s'apaise.
À la Sainte-Agathe, plante ton oignon, pour un brin tu en auras quatre.
Le court et fiévreux février, le plus court des mois,
est de tous le pire à la fois.
Crapaud qui chante en février a l'hiver derrière lui.
Jamais groseillier feuillé sans hiver passé.
Si février laisse les fossés pleins, les greniers cet été seront pleins.
Brouillard de février vaut du fumier.
Séverin, Valentin, Faustin sont tous gelés sur leur chemin.
Vers Sainte-Eulalie souvent le temps varie.
Si février ne donne pas ses bourrasques tous les mois sont courroucés.
Vigne taillée en février, de raisin remplit le panier.
Février n'est jamais si dur et si méchant qu'il ne nous fasse don
de sept jours de printemps.
S'il tonne en février point de vin tiré.
Le vent du vendredi ne va pas à la messe.
Neige à la Sainte-Isabelle fait fleur belle.
Février chaud par aventure à Pâques remet sa froidure.
Février est de tous les mois le plus court et le plus matois.
La veille de la chandeleur, l'hiver s'arrête ou prend vigueur.
Le bon saint Boniface entre en brisant la glace.

Février

Deux hypothèses sont avancées pour expliquer le nom de ce mois, le seul dont le nombre de jours varie. Februarius, consacré à Februo, dieu des morts, serait devenu février, mois des sacrifices, mois le plus court, mois néfaste. Les Romains avaient-ils prévu que février serait le mois du premier tiers provisionnel et celui de la déclaration des revenus ? On pense aussi que février pourrait venir de « februare », purifier. Le mois des purifications serait ainsi nommé en raison du froid vif, du gel qui l'accompagne et régénère la terre.

Février, un mois pas comme les autres

Tous les quatre ans, le mois de février compte 29 jours. C'est alors une année bissextile. Les Romains, dans leur premier calendrier, dit de Romulus, avaient une année de 304 jours répartis sur dix mois. Sous Tarquin, l'année fut prolongée de deux mois et compta donc 355 jours. Tous les deux ans, on intercalait un mois de 22 jours, Marcedonius, entre le 23 et le 24 février. Les Pontifes, à qui avait été conféré le droit d'intervenir librement dans la durée de certaines périodes, n'hésitaient pas à attribuer au mois intercalaire la longueur appropriée aux circonstances, prolongeant la magistrature de leurs amis, abrégeant celle de leurs ennemis, avançant ou retardant les échéances... On en était ainsi arrivé à fêter l'automne au printemps et la moisson en plein hiver. Sur les conseils de l'astronome grec Sosigène, établi à Alexandrie, Jules César décida que désormais le calendrier ne tiendrait plus compte de la Lune mais du Soleil. En 45 avant Jésus-Christ, il créa une année de 365 jours que compléterait tous les quatre ans une journée supplémentaire. Ce 366e jour fut attribué au mois de février, dernier mois de l'année chez les Romains, mois court de 28 jours dont la réputation était mauvaise. Pour ne pas choquer la superstition de ses concitoyens, Jules César, au lieu de créer tous les quatre ans un 29e jour, préféra conserver en apparence un nombre pair de jours (28), les nombres impairs étant considérés comme favorables et réservés aux dieux supérieurs. Tous les quatre ans, le 24e jour de février, le sixième avant les calendes de mars, traditionnellement consacré à des festivités, était doublé. Ce jour supplémentaire fut donc nommé « bis sextus ante calendas martias », d'où l'appellation de bissextile qui en principe devrait être réservée à l'année. Le 29e jour de février, lui, étant qualifié de bissexte. Ce correctif d'une journée tous les quatre ans était indispensable puisque l'année dure 365 jours et 6 heures. Très exactement 365 jours 5 heures 49 minutes, ce dont Jules César n'avait pas tenu compte avec assez de précision. Une erreur annuelle de 11 minutes 14 secondes conduit au bout de quatre siècles à une avance de trois jours sur les saisons !

Au VIIIe siècle, l'Église s'aperçut que si elle suivait scrupuleusement les prescriptions du concile de Nicée, qui lia en 325 la date de Pâques à l'équinoxe de printemps, cette fête de la résurrection et du renouveau serait bientôt célébrée au cœur de l'été. Au concile de Constance, en 1414, le cardinal d'Ailly proposa au pape Jean XXII de modifier les intercalaires bissextiles. Le concile de Trente se préoccupa du problème et décida prudemment de s'en remettre à la sagesse du Saint-Siège.

Le pape Grégoire XIII, avant de résoudre ce délicat problème, tint à prendre conseil de grands

Le carnaval, Madame Gayant, Douai.

savants de l'époque, parmi lesquels on cite les frères Lelio et le jésuite allemand Clavius. En 1582, 1 257 ans après le concile de Nicée, l'équinoxe de printemps tombait le 11 mars, soit avec dix jours d'avance par rapport à la date du 21 mars qui était originellement prévue. Alors, le souverain pontife prit une décision simple et catégorique : il suffisait de retrancher dix jours à l'année 1582. Une bulle papale prescrivit que le lendemain du jeudi 4 octobre serait le vendredi 15. Cette mesure souleva une tempête de protestations. De nombreux États refusèrent de se plier au décret ou le firent avec beaucoup de retard : les protestants allemands, néerlandais et helvétiques ne s'inclinèrent que vers 1700, l'Angleterre et la Suède en 1752. Aussi leur fallut-il sacrifier onze jours. En France, Henri III décida que le retranchement aurait lieu en décembre 1552 : le lendemain du 9 fut le 20.

L'an 1582 ne compta donc que 355 jours et, dès l'année suivante, le 21 mars coïncida de nouveau avec l'équinoxe de printemps. Afin d'apporter une correction simple, il était prévu que les années continueraient d'être bissextiles de quatre en quatre avec une exception. Les années séculaires (dont le millénaire se termine par deux zéros) ne seront plus bissextiles, à l'exception de celles dont le nombre de siècles est divisible par quatre. Ainsi, 1900 ne fut pas bissextile tandis que l'an 2000 le sera. Ce subterfuge simple permet de supprimer facilement trois jours en quatre siècles. Ces dispositions ne permettent cependant pas d'atteindre la perfection. L'année grégorienne est encore trop longue de 0000,3 jour. Dans trois mille ans, il apparaîtra nécessaire d'ajuster notre calendrier en supprimant un jour. Est-il opportun de l'envisager dès maintenant ?

Saute la crêpe, carte postale, 1910.

La Chandeleur

Quarante jours après Noël, le 2 février, l'Église fête la Présentation de Jésus au Temple et les relevailles de la Vierge. Fidèle à la tradition et en signe de purification, elle se rendit au Temple présenter deux tourterelles et deux pigeons. Pendant longtemps, la Chandeleur ne fut que la fête des chandelles. Les fidèles défilaient en procession en portant à la main des cierges allumés et bénits en souvenir de la purification de Marie. C'était une manifestation très importante dans l'année car elle ouvrait solennellement la saison agraire. Les cierges, pourvus de nombreuses vertus, étaient précieusement conservés dans l'armoire familiale. Quand un des habitants de la maison tombait gravement malade et que la mort le menaçait, on plaçait au pied du lit du mourant le cierge de la Chandeleur auquel on prêtait le pouvoir d'abréger les souffrances. En cas d'orage violent, la maîtresse

Chanson populaire : au clair de lune, détail. Imagerie d'Épinal.

de maison l'allumait, ce qui avait pour effet d'empêcher la foudre de tomber sur sa demeure. Le cierge de la Chandeleur était en fait allumé dans tous les cas où l'on devait implorer le ciel.

Déjà, à Rome, on offrait en février des sacrifices aux dieux infernaux en portant des flambeaux à la main. À la même époque de l'année, en souvenir de Cérès qui alluma deux flambeaux au feu du mont Etna pour partir à la recherche de Proserpine enlevée par Pluton, on promenait les flambeaux à travers la campagne romaine pour obtenir de la divinité la fertilité de la terre.

Toujours en février, les Lupercales se déroulaient en l'honneur du dieu Pan. Ivres de débauches, les Romains parcouraient les rues de la ville, des torches à la main, tandis que les prêtres frappaient les femmes de la foule avec des lanières. Ensuite, en l'honneur de Proserpine, on mangeait des galettes de céréales à la lueur des torches. Est-ce la raison pour laquelle on a pris l'habitude de manger des crêpes à la Chandeleur ? Cette tradition, pour d'autres, remonterait à un 2 février du Ve siècle après Jésus-Christ. Ce jour-là, des pèlerins atteignirent Rome si harassés que, pour les réconforter, le pape Gélase Ier leur fit cuire d'immenses galettes faites de farine et d'œufs. On dit encore que les crêpes seraient la survivance d'un mythe remontant aux temps les plus anciens : elles symboliseraient la roue solaire. Une certitude, à l'heure actuelle la tradition des crêpes est, au cœur de l'hiver, un grand moment convivial. Son sens religieux profond est complètement oublié, voire remplacé par une certaine superstition. Ne tente-t-on pas la chance en faisant sauter les crêpes avec une pièce d'or dans la main gauche ?

Autrefois, en Île-de-France et en Vendée, on conjurait la misère en déposant une crêpe au-dessus de l'armoire lingère, symbole de la richesse du foyer. Une tradition normande rapporte qu'à la Chandeleur, les paysans devaient se rendre auprès de leur seigneur avec une timbale contenant une dîme de cinq sous d'argent et une crêpe. L'un d'eux, désigné par le sort, devait faire sauter la crêpe. Bien retournée, il pouvait déduire un sou de sa dîme.

Mère Barberin fait des crêpes...

« Quand je revins, la terrine était pleine d'une bouillie jaunâtre et mère Barberin frottait avec un bouchon de foin vigoureusement la poêle à frire : dans la cheminée flambait un beau feu clair que Mattia entretenait en y mettant des branches brin à brin. (...) Mère Barberin mit la poêle au feu et, ayant pris un morceau de beurre au bout de son couteau, elle le fit glisser dans la poêle, où il fondit aussitôt (...) Avec la cuiller à pot, mère Barberin a plongé dans la terrine d'où elle retire la pâte qui coule en longs fils blancs : Elle verse la pâte dans la poêle, et le beurre qui se retire devant cette blanche inondation la frange d'un cercle roux. (...) Mère Barberin donne une tape sur la queue de la poêle, puis, d'un coup de main, elle fait sauter la crêpe, au grand effroi de Mattia : mais il n'y a rien à craindre : après avoir été faire une courte promenade en l'air dans la cheminée, la crêpe retombe dans la poêle sens dessus dessous, montrant sa face rissolée. »

Hector Malot
« Sans famille »

Le Carnaval

Le Carnaval est un temps de réjouissance qui s'écoulait autrefois de l'Épiphanie au mercredi des Cendres. Aujourd'hui, il se réduit aux trois « jours gras » : le dimanche de la Quinquagésime (le cinquantième jour avant Pâques), les lundi et mardi gras. Le mot « carnaval » viendrait de l'expression latine « carnelevare », signifiant enlever la viande.

Si cette étymologie est controversée, l'origine du carnaval ne l'est pas. C'est une survivance des Bacchanales, Lupercales, Saturnales romaines, des fêtes grecques en l'honneur de Dionysos, des fêtes d'Isis en Égypte ou des Sorts chez les Hébreux Ces fêtes se rattachaient aux traditions religieuses de la plus haute Antiquité. Elles célébraient le commencement de l'an nouveau et le réveil de la nature. Pendant quelques jours, les esclaves devenaient les maîtres, les maîtres prenaient la place des esclaves, les servant à table, essuyant leurs railleries. Les jeux de hasard interdits par la loi étaient autorisés. Devenait permis ce qui était habituellement interdit. C'était le règne provisoire de la fantaisie et de l'utopie.

Comme toute fête au sens plein du terme, le carnaval est la négation du quotidien. Symbole même de la fête populaire, il instaure un temps joyeux pendant lequel il est possible de s'affranchir des règles et des contraintes du quotidien. La vie en société exige bien des concessions et bien des renoncements. Pour éviter que le bouillonnement des contraintes ne fasse exploser la « marmite », il faut régulièrement libérer la pression, se défouler. C'est une des fonctions du Carnaval, qui permet allégrement d'outrepasser les règles morales et sociales. Grâce aux déguisements, aux masques, à la liesse populaire, le pauvre peut oublier pour quelque temps sa misère, le malade, sa souffrance. Chacun peut changer de condition : les hommes se déguisent en femmes, les enfants s'octroient les droits des adultes. La réserve qui régit habituellement les rapports sociaux disparaît. À bas le masque de l'hypocrisie : place à la satire et à l'humour… En Amérique du Sud, à Recife, Rio ou La Paz, le Carnaval est roi. Il est considéré comme une grande libération sociale et apparaît comme un luxe du pauvre. On s'offre, parfois à crédit, trois jours de fête, de rêve, pour échapper au quotidien et entrer dans l'irréel. Chaque année, il faut aussi dénombrer des centaines de morts : ils ont été piétinés, victimes de règlements de compte ou ont parfois préféré se suicider pour éviter d'avoir à retrouver la banale réalité. En France, le Carnaval est une tradition bien vivante quoique moins dangereuse, même si l'exode rural et le recul des pratiques religieuses ont porté un rude coup à toutes les festivités se rapportant au cycle agraire. Sur la Côte d'Azur, celui de Nice a conquis une réputation qui dépasse nos frontières. Dans l'Ouest, le carnaval de Granville est réputé l'un des plus gais de France. C'est sans doute un des plus anciens. Autrefois, les terre-neuvas, avant de partir en mer pour de longs et laborieux mois, s'en donnaient à cœur joie, dépensant sans compter une partie de l'avance versée par l'armateur. Quelle importance ! Étaient-ils même sûrs de revenir de leur épuisante campagne de pêche ? Les intrigues excitaient vivement la curiosité : qui se cache donc sous ce déguisement ? Les confettis sont de tous les carnavals. Ils conservent la tradition du geste de bénédiction appelant la fertilité de la terre et la fécondité des femmes. Les fêtes de Carnaval accompagnent le passage de l'hiver au printemps, de la mort à la vie : elles signalent le renouveau de la nature dans l'exubérance, la fantaisie et l'imagination. Le mardi gras se fêtait, jadis et naguère, dans une indicible

Le carnaval, char, Nice.

liesse populaire. Dans certaines régions, ce jour était nommé « carême prenant ». Cette expression désigne en fait les trois jours précédant l'entrée en Carême. Pendant longtemps, l'attraction la plus populaire du mardi gras fut la promenade du bœuf gras, dont la corporation des bouchers avait, par ordonnance, le privilège exclusif. Bouffonneries, excès et réjouissances allaient bon train. On semblait ainsi vouloir profiter de ce dont on savait être privé dès le lendemain.

Au clair de lune : Arlequin, détail, Imagerie d'Épinal, Pellerin.

Mardi gras

Dans le jour vert, mauve ou rose
Sur lequel plane un ciel d'ennui
Dans la nuit
Où passent les pierrots couronnés de roses
Fantômes pâles qui rôdent en la nuit
Nuit plus étoilée que les nuits habituelles
Stellée de gemmes au scintillement pâle
(Perle, opale
Émeraude et spinelle)
Courent en chantant, Arlequins, Colombines
Polichinelles au nez crochu
Mousquetaires, marquises, diablotines
Sous une pluie multicolore ; et s'illumine
La ville en fête et jouent mirlitons, mandolines
Tandis qu'au loin le roi déchu
Le roi des fous est brûlé par son peuple, las !
Hélas ! Carnaval, le roi Carnaval flambe !
Le roi flambe !
Chansons ! Feux de Bengale
Champagne ! Dithyrambe !
Le roi Carnaval flambe
Et le canon là-bas tonne son glas.
Et la lune, veilleuse d'or pâle
Éclairant la nuit stellée de gemmes pâles
(Rubis, Émeraude, Opale)
Semble la lampe merveilleuse
De quelque gigantesque Aladin
La Lampe éclairant dans le jardin
Les arbres dont les fruits sont pierres précieuses
(Perles, rubis, émeraudes, opales)
Et meurt le bruit
Et meurt la nuit
Et point le jour, le jour pâle.

Guillaume Apollinaire

Le jour des Cendres, gravure, anonyme.

Les Cendres

Le mercredi des Cendres marque l'entrée en Carême. Ce seul mot évoque un cortège de privations, une figure triste. Ne parle-t-on pas de « faces de carême » ? Dans le christianisme, l'usage des cendres est très ancien. Elles sont signes de pénitence, de deuil et d'humilité. Cette pratique réservée initialement aux seuls pénitents est étendue à la fin du VIe siècle, par saint Grégoire, à l'ensemble des fidèles. Au XIe siècle, le pape Urbain II rend obligatoire l'imposition des cendres à tous, clercs et laïcs, hommes et femmes. En imposant les cendres, obtenues après combustion des rameaux de l'an passé, le prêtre prononçait autrefois une parole qui rappelait aux hommes leur condition et leur triste destinée : « Souviens-toi que tu es poussière et que tu retourneras à la poussière ! » La liturgie actuelle, la plupart du temps, a remplacé cette parole biblique par une autre, plus dynamique et invitant davantage à la conversion : « Convertissez-vous et croyez à la Bonne Nouvelle. »
Peu importe la formule rituelle, pourvu que le sens symbolique de l'imposition soit bien clair pour tous. Les cendres, matières sans vie par excellence, incitent le chrétien à reconnaître sa condition

de pécheur et, par là même, la nécessité d'une conversion qui le fera triompher de la mort. Conversion qui passe, évidemment, par l'Évangile, chemin de vie. Pour les chrétiens, le Carême, comme le Ramadan pour les musulmans, c'est quarante jours de pénitence, de réflexion, en souvenir du jeûne de Jésus dans le désert avant son entrée dans la vie publique, quarante jours pour vivre d'une vie nouvelle avec le Christ. C'est aussi l'occasion d'affirmer, par des privations vécues comme un partage, sa liberté par rapport aux biens terrestres. Un temps de combat spirituel, d'engagement et de solidarité, qui conduit à Pâques, la fête de la Résurrection du Christ.

La rencontre « un jour de pluie », carte postale, 1920.

14 février : la Saint-Valentin

Saint Valentin, évêque de Terni en Ombrie au IIIe siècle, encourageait les victimes du pouvoir romain déstabilisé par les avancées de l'Église du Christ. Il fut emprisonné et jugé par Asterius. Malgré les risques de châtiments, Valentin proclama haut et fort son attachement à Jésus-Christ « fils de Dieu et Lumière du Monde ». « Lumière ». Ce terme frappa le juge dont l'une des filles souffrait de cécité. Poussé par son amour paternel, Asterius déclara à Valentin : « Si tu peux rendre la vue à ma fille, je croirai que Jésus-Christ est fils de Dieu et la Lumière. » Avec confiance, Valentin imposa les mains sur les yeux de la jeune fille en priant ardemment. À la surprise générale, la fille d'Asterius recouvra la vue.

Conquis et reconnaissant, Asterius se fit baptiser avec toute sa famille. L'empereur Claude, apprenant cette conversion, fit exécuter tous ces nouveaux chrétiens. Valentin, plutôt que d'abjurer sa foi, préféra être flagellé et mourut décapité sur la voie Flaminienne, le 14 février 270.

Apparemment rien, mais vraiment rien ne le destinait à se soucier des amours terrestres et à devenir le patron des amoureux, si ce n'est que sa fête, dit-on, correspond au début de la saison des amours pour les oiseaux. Le 14 février correspondait aussi à la « fête des brandons », qui réunissait garçons et filles pour de joyeuses sauteries. Cette coutume, tombée en désuétude, fut remise à l'honneur au Moyen Âge par Charles d'Orléans qui, fait prisonnier à la bataille d'Azincourt, l'avait redécouverte en Angleterre où il fut emprisonné pendant vingt-cinq ans. Elle connut un développement tout particulier dans les pays anglo-saxons.

Saint Valentin et Cupidon n'ont guère de points communs. Les hasards du calendrier leur attribuèrent pourtant les mêmes vertus !

Au cœur de la France, le petit village de Saint-Valentin, dans l'Indre, célèbre avec ferveur, chaque 14 février, le saint patron des amoureux, depuis 1965. Il est jumelé avec Sant-Valentin (Autriche) et Sakuto-cho (Japon).

La Saint-Valentin, déclaration d'amour, carte postale.

MARS

S'il pleut à la Saint-Aubin, il n'y aura ni foin ni lin.
Pour Saint-Adrien, le froid nous dit je suis ici.
Si mars arrive comme un mouton, il s'en partira comme un lion,
mais s'il arrive comme un lion, il s'en ira comme un mouton.
Pluie de mars n'engraisse ni oies ni jars.
Malgré le mauvais temps, mars prépare en secret le printemps.
Février remplit les fossés, c'est à mars de les assécher.
Le merle qui a bien hiverné, en mars a sa nichée.
Taille tôt, taille tard, rien ne vaut la taille de mars.
Lorsqu'il tonne en mars, il faut dire hélas !
Tel mars, tel août.
Mars sec, c'est du blé partout.
Le coucou avant les feuilles annonce beaucoup de paille mais pas de grain.
Sème le pois à la Saint-Patrice, tu en auras ton caprice.
Mars venteux, avril cotonneux.
Pour Saint-Joseph, s'éveillent l'orvet, le lézard et l'abeille.
Quand il gèle le 20 mars, il gèle toute l'année.
Veux-tu oignons, seigle, petits pois ? Sème-les vers la Saint-Benoît.
S'il pleut à la Saint-Victorien, tu peux compter sur le bien du foin.
S'il gèle le 24 mars, les poiriers diminuent d'un quart.
Le 25 mars passé, plus de bois à amasser.
Jamais pluie de printemps ne passa pour mauvais temps. S'il gèle à la
Saint-Gontran, le blé deviendra grand.
S'il gèle en mars, chaque mois aura sa part.
Pour la Saint-Benjamin, le mauvais temps prend fin.
S'il pleut à la Saint-Aubin, il coulera bien trop de vin.

Mars

C'est sans doute parce que mars commence en hiver et se termine au printemps qu'un dicton affirme : « Mars arrive en lion et s'en va en mouton. » Bien que souvent encore un peu rude, ce troisième mois de l'année laisse déjà percer quelques rayons de soleil prometteurs « qui grisent lentement comme un premier sourire », affirme le poète.

Ce mois tire son nom du dieu romain Mars, dieu de la guerre et des combats, protecteur des récoltes, défenseur des troupeaux. Il était habituellement représenté par un homme vêtu d'une peau de louve. Le calendrier révolutionnaire, si imagé et si proche de la nature, l'avait placé à cheval sur ventôse et germinal, montrant bien ainsi le contraste entre les intempéries et la fécondité de la terre.

Le mois de mars, jardinage, Grasset, Suisse, XIXe siècle.

Le Carême

« Arriver comme mars en carême » signifie arriver à point, sans surprise. Il est vrai que le mois de mars est toujours, en partie ou en totalité, inclus dans cette période de quarante jours séparant le mercredi des Cendres du dimanche de Pâques.

Quarante jours de carême pour les chrétiens, c'est quarante jours pour changer, se convertir. Cette période de rigueur volontaire a sans doute pour origine la tentation de Jésus-Christ dans le désert. Après avoir jeûné pendant quarante jours, alors que la faim le tenaillait, le démon tentateur l'interpella : « Si tu es le fils de Dieu, ordonne que ces pierres deviennent des pains. » Jésus lui répondit : « Il est écrit : l'homme ne vivra pas seulement de pain mais de toute parole qui sort de la bouche de Dieu. » Chez les premiers chrétiens, la coutume de Carême s'établit à titre de pénitence facultative. On en modulait librement la durée.

Les conciles de Nicée en 325 et de Laodicée en 365 constatèrent la généralisation du jeûne et de l'abstinence pendant les trente-six, puis les quarante jours qui précédèrent Pâques. Cette pratique était si bien établie au VIIe siècle que le concile de Tolède interdit, en 653, la consommation de viande toute l'année à ceux qui en auraient consommé pendant le carême.

En 789, Charlemagne alla même jusqu'à menacer de la peine capitale quiconque aurait enfreint sans dispense la loi de Carême.

À l'époque de la Renaissance, les deux grands réformateurs Martin Luther et Jean Calvin s'élevèrent contre cette pratique, jugée trop ostentatoire et pas assez intériorisée. En 1216, grâce au pape Innocent III, les pénitents bénéficièrent d'une pause joyeuse.

Mi-Carême
Paris.
Petit Journal.
92.

La Mi-Carême

La Mi-Carême était une trêve consentie aux fidèles que pouvaient harasser les rigueurs d'une longue abstinence. De création beaucoup plus récente que le Carnaval, la Mi-Carême connut ses plus belles heures sous le second Empire et à la Belle Époque. Ce jour de liesse fort attendu était considéré autrefois comme la fête des jeunes filles qui, le troisième jeudi du Carême, rendaient aux jeunes gens la fête qu'ils leur avaient offerte le mardi gras. Le « corso », cette course qui se faisait jadis dans Rome et qui fut à l'origine des défilés de chars, avait été mis sur pied au XVe siècle par le pape Paul III. À la même époque, les mascarades firent leur apparition. Nuitamment, les masques parcouraient les rues en troupes, armés généralement de bâtons et d'épées, portant des torches allumées. Ils étaient accompagnés de ménestrels avec tambourins, hautbois, vielles et allaient de maison en maison, se faisant un devoir et un plaisir d'inviter à danser les hôtes du logis. À Paris, on élisait la reine des blanchisseuses qui, en un gai cortège, parcouraient les rues du quartier de la porte Saint-Antoine. Dans les villes universitaires, la Mi-Carême était l'occasion pour tous les étudiants de faire travailler leur esprit et leur fantaisie aux dépens parfois des passants, surpris, amusés ou excédés. Dans de très nombreuses provinces, les enfants, ce jour-là, se levaient tôt pour guetter, une poignée de foin à la main, la mythique Mi-Carême. Tous ceux qui réussissaient à nourrir la monture de cette très belle femme parcourant la campagne sur son cheval ailé, devaient recevoir dans la main le contenu d'un cornet d'or ! En Bretagne, les enfants, après avoir vainement guetté la Mi-Carême, se rendaient au cimetière, brûlaient le foin qu'ils avaient réservé à son cheval et ramassaient les friandises que leurs parents avaient disposées sur les tombes de la part de la mystérieuse et fort attendue visiteuse.

Les Rameaux et la Semaine sainte

« Les disciples ramenèrent l'ânesse et l'âne, les couvrirent de leurs manteaux et firent monter Jésus. Une foule immense étendait ses vêtements sur la route ; certains coupaient des palmes pour en joncher le chemin et criaient hosanna », nous rapporte Matthieu l'Évangéliste. L'entrée triomphale dans Jérusalem fut le seul moment de gloire terrestre pour Jésus-Christ. Bientôt l'humiliation, la crucifixion puis la mort suivront. Depuis le Ve siècle,

Les Rameaux
(détail),
icône byzantine,
XIIe siècle,
église Chrysalin.

Les Rameaux, icône byzantine, XIIe siècle, église Chrysalin.

les chrétiens célèbrent l'entrée de Jésus à Jérusalem. Le dimanche des Rameaux, appelé aussi « Pâques fleuries », la bénédiction du buis constitue une coutume vivante qui ne se généralisa en Europe qu'au cours du VIIIe siècle. Cette fête a conservé sa piété chrétienne dépourvue de tout paganisme. Au sud de la Loire et en Bretagne, on préfère le laurier au buis. Sur les bords de la Méditerranée, on a conservé comme un parfum d'Orient, l'usage des palmes. En Lorraine et en Alsace, on utilise soit du houx soit des branches de sapin. Les rameaux sont parfois ornés, comme en Provence.

Au retour de la messe, ces rameaux bénits sont répartis dans chaque pièce de la maison ; la plus belle branche est suspendue à une image pieuse ou à un crucifix au-dessus du foyer pour attirer la divine protection. Dans certaines régions, une brindille est jetée au feu pour éloigner la foudre. Dans d'autres, on se dépêchait avant la tombée de la nuit de planter un rameau sur chaque parcelle de terre en gage de fécondité. Les fermiers croyaient que s'ils pouvaient s'emparer de la branche que le curé avait attachée à la croix, ils pourraient produire du beurre à volonté. Le buis bénit le jour des Rameaux avait aussi le privilège de préserver les maisons de la foudre et des sorciers. Les rameaux de l'année passée, quant à eux, étaient jetés dans le feu de la Saint-Jean.

Dans la riche diversité des coutumes régionales, la fête des Rameaux, qui ne se rattache à aucune célébration païenne de la fécondité retrouvée, se veut être un signe de paix et d'espérance au moment où la ramure des arbres s'épaissit.

Fête mobile déterminée par Pâques, les Rameaux sont célébrés le dernier dimanche de Carême. Ils ouvrent la période de six jours appelée la Semaine sainte et le cycle pascal qui se terminera le dimanche de Quasimodo, une semaine après Pâques.

Le Jeudi saint, les chrétiens se souviennent du dernier repas de Jésus-Christ avec ses disciples, la Cène. Il leur donna du pain et du vin en disant : « Ceci est mon corps, ceci est mon sang. Faites cela en mémoire de moi. » Avant d'être arrêté et livré, le Sauveur instituait ainsi l'Eucharistie. Ce sacrement, au cœur même du Nouveau Testament, fondamental pour tous les chrétiens, est au centre de la messe.

À 15 heures, le Vendredi saint, une cérémonie invite les catholiques à revivre en quatorze stations le chemin de croix, le sacrifice du Christ dans le supplice de la crucifixion et l'agonie du Christ au Golgotha.

Jour de jeûne et d'abstinence, le Vendredi saint était jadis, voire naguère, marqué par de nombreux interdits. Abattre un animal, tailler ou coudre des étoffes étaient inconcevables. Les œufs pondus ce jour-là avaient des pouvoirs magiques. Ils protégeaient des accidents, des maladies et des incendies… pensait-on. L'interdiction de laver du linge durant la Semaine Sainte était aussi une tradition très respectée dans toutes les régions de France.

Jésus est au tombeau. Après l'attente silencieuse du Samedi saint, la Vigile pascale prépare le matin de Pâques. Le feu brille pour symboliser une vie nouvelle, à l'image de la Résurrection qui illumine le chemin du chrétien.

Les cloches, parties pour Rome selon la tradition le Jeudi saint, au chant du « Gloria », se sont abstenues de sonner en signe de tristesse.

Dans la nuit du Samedi saint au dimanche de Pâques, elles vont se remettre à carillonner joyeusement pour annoncer, à nouveau au chant du « Gloria », une nouvelle espérance.

Un saint de l'ombre : Joseph

L'Église dédie à saint Joseph le mois de mars. Prénom plus fréquemment attribué jadis et naguère que de nos jours, Joseph est fêté le 19 mars. Les chrétiens célèbrent ce jour-là l'époux de Marie, le père adoptif de Jésus, un homme si discret que sa mort passe inaperçue chez les Évangélistes. Il est le saint de l'ombre. Descendant de David, originaire de Bethléem, Joseph est au Ier siècle avant Jésus-Christ charpentier à Nazareth. Sa vie est un modèle d'effacement et d'humilité. Il ne vivra que pour son épouse, Marie, et le fils qui naquit d'elle, Jésus. On parle bien peu de lui car il n'a rien fait d'autre que de s'oublier et se dévouer. À l'exception de la naissance du Sauveur, il n'était pas là au moment des grandes joies et des grandes peines, ni au pied de la croix, ni au matin de la Résurrection. Joseph fut seulement l'homme des préparations obscures, l'homme qui a souffert de ne pas comprendre, qui a dû fuir en exil, qui a accompli de modestes travaux, qui a vécu auprès de Jésus les moments les moins palpitants. Matthieu et Luc, dans les Évangiles, nous le montrent sur la route de Bethléem avec Marie, assistant à la naissance du Messie dans une grotte, témoin de la Présentation au Temple quarante jours après, fuyant la Judée pour soustraire Jésus au massacre ordonné par Hérode. Homme de devoir, Joseph s'active dans son atelier de Nazareth et, premier éducateur de Jésus, veille sur lui, l'emmenant à Jérusalem pour ses douze ans. Au moment de la Passion, il est raisonnable de penser qu'il n'est déjà plus de ce monde puisque le Christ confie sa mère à l'apôtre Jean. Joseph est un homme juste. Il sait vivre en accord avec Dieu, se laissant librement conduire par l'Esprit-Saint qui agit en lui et par lui. Dans son premier panégyrique de saint Joseph, Bossuet, méditant devant la Cour, s'exclamait il y a trois cents ans : « Que vous êtes chéri de Dieu, puisqu'Il vous confie ces trois grands dépôts : la virginité de Marie, la personne de Son fils unique, le secret de tout Son mystère. » Saint Joseph a été l'époux qu'il fallait pour la plus exceptionnelle des paternités. Toujours simplement, discrètement, silencieusement. Humble charpentier, saint Joseph est le patron des menuisiers et ouvriers en général. Le culte rendu à Joseph dès le IVe siècle en Orient se répandit lentement en Occident. Père adoptif et éducateur du Messie, il fut proclamé le patron de l'Église universelle par Pie IX en 1863. La fête de saint Joseph travailleur, instituée par Pie XII en 1955, fut fixée au 1er mai.

Saint Joseph père de Jésus, patron des menuisiers et des ouvriers, vitrail, cathédrale de Bordeaux.

Le coucou : un drôle d'oiseau !

Le printemps commence le 20 mars. Même si souvent les premiers beaux jours se font encore attendre, les dernières heures de mars annoncent bien le renouveau de la nature.

Quoi qu'en dise le dicton que citait déjà Aristophane dans « Les Oiseaux », l'hirondelle est le signe du retour du printemps. Autrefois, dans les campagnes, la première personne à voir un de ces animaux se nicher sous son toit considérait cela comme un présage de bonheur.

Le coucou lui aussi est signe d'heureux présages. Son appel monotone, répété inlassablement dans le vent printanier, est attendu avec plaisir, surtout quand on a de l'argent dans sa poche, puisque, alors, on est sûr d'en avoir à volonté toute l'année. Entre le 15 mars et le 15 avril, avec une très grande régularité, cet oiseau migrateur, dont la ressemblance avec l'épervier est frappante, revient d'un long voyage de 9 000 kilomètres. Le coucou, qui mesure 30 centimètres de long et pèse à peine 100 grammes, passe en effet ses hivers en Afrique du Sud entre le Mozambique et la Tanzanie. Comme tous ses confrères, il chante pour délimiter avec soin son territoire. Il en fait régulièrement le tour, revenant fréquemment aux mêmes endroits. Mais apercevoir cet oiseau est une mission bien délicate voire presque impossible. Guidé par son chant, vous pourrez réussir, en rusant, à l'approcher, mais au dernier moment, le coucou, invisible dans le feuillage, réussit toujours à s'esquiver discrètement. Sur une autre branche, à quelques dizaines de mètres, son appel retentira à nouveau : « Coucou !... cou-cou !... cou-cou !... »

Ce comportement insolite est à l'origine de l'utilisation du cri « coucou » que lancent les enfants quand ils jouent à cache-cache.

La femelle coucou a des mœurs bien étranges que la morale ne manquerait pas de réprouver. Au lieu de bâtir un nid et d'y pondre des œufs qu'elle couverait, la femelle préfère se livrer à un peu glorieux travail d'espionnage. Elle guette les oiseaux qui confectionnent leur nid et, profitant de leur inattention, substitue à un de leurs œufs qu'elle sacrifie, le sien. Par un mimétisme exceptionnel, l'œuf pondu par le coucou femelle ressemble souvent à celui de l'espèce parasitée. Puis elle disparaît d'un vol léger. En général, les oiseaux victimes de la supercherie, tels la rousserolle, la bergeronnette ou le rouge-queue, ne s'aperçoivent de rien et couvent consciencieusement une étrange couvée. Né en général quarante-huit heures avant les autres oisillons, le bébé coucou commence sa vie en fomentant un crime. Dans un effort extraordinaire, il commence par éliminer les autres œufs de la couvée avant qu'ils n'éclosent. Ainsi il restera seul à bénéficier de l'attention active de ses parents nourriciers. Ceux-ci devront prodiguer tous leurs efforts pour réussir à nourrir un véritable « gargantua », dont la taille dépassera rapidement celle de ses involontaires parents adoptifs, étonnés devant une telle progéniture !

Le carême de Madame de Sévigné

« Aux Rochers, dimanche 19 février 1690.

« Si vous me voyiez, ma chère bonne, vous m'ordonneriez de faire le carême, et ne me voyant plus aucune des petites incommodités qui vous ont servi de raison autrefois pour me le faire rompre, vous seriez persuadée, comme moi, que Dieu ne me donne une si bonne santé que pour obéir au commandement de l'Église. Nous faisons ici une fort bonne chère. Nous n'avons pas la rivière de Sorgue, mais nous

La Marquise de Sévigné, gravure, portrait, anonyme, 1693.

nonciation
ec prédelle,
ato Angelico.

avons la mer : le poisson ne nous manque pas, et j'aime le beurre charmant de la Prévalaie, dont il nous vient toutes les semaines. Je l'aime et je le mange comme si j'étais bretonne. Nous faisons des beurrées infinies, quelquefois sur la miche. Nous pensons toujours à vous en les mangeant. Mon fils y marque toujours toutes ses dents, et ce qui me fait plaisir, c'est que j'y marque aussi toutes les miennes. Nous y mettrons bientôt de petites herbes fines et des violettes. Le soir, un potage avec un peu de beurre, à la mode du pays, de bons pruneaux, de bons épinards. Enfin, ce n'est pas jeûner, et nous disons avec confusion : Qu'on a de peine à servir sainte Église !»

L'Annonciation

Le 25 mars, neuf mois avant Noël, est fêtée l'Annonciation. Il y aura bientôt deux mille ans, Dieu envoya l'ange Gabriel à Nazareth, petite ville de Galilée, avertir Marie d'une grande nouvelle : « Le Seigneur est avec toi. Tu as trouvé grâce devant Dieu. Tu deviendras enceinte. Tu enfanteras un fils et tu lui donneras le nom de Jésus. » Devant la stupéfaction de cette jeune fille d'environ quinze ans, vierge et fiancée à Joseph de la maison de David, l'ange Gabriel précisa : « Le Saint-Esprit viendra sur toi et la puissance du Très Haut te couvrira de son ombre. »

Autrefois, à l'Annonciation, les femmes atteintes de stérilité imploraient la Vierge d'intercéder en leur faveur, tandis que les futures mères accomplissaient des neuvaines pour être sûres de mettre au monde un garçon.

Quarante

Ali Baba et les quarante voleurs, « Je m'en fiche comme de l'an quarante », quarante académiciens. Le nombre quarante est un nombre symbolique que l'on trouve souvent, et particulièrement dans l'histoire de l'Église. Noé resta quarante jours dans son arche pendant le déluge. Moïse et son peuple restèrent quarante ans dans le désert après s'être enfuis d'Égypte. Le prophète Élie marcha en priant quarante jours et quarante nuits vers la montagne de l'Horeb. Les Ninivites firent pénitence quarante jours à l'appel du prophète Jonas. Le Christ lui-même jeûna quarante jours dans le désert avant de commencer sa vie publique. Du mercredi des Cendres au dimanche de Pâques, le carême dure quarante jours. Pour les Pères de l'Église, le nombre quarante symbolise la vie présente dans le monde pendant laquelle les croyants ont à lutter contre les tentations du démon.

Arche de Noé, gravure sur bois, XVe siècle, Allemagne.

Le Petit Journal

Le Petit Journal
CHAQUE JOUR 5 CENTIMES
Le Supplément illustré
CHAQUE SEMAINE 5 CENTIMES

SUPPLÉMENT ILLUSTRÉ
Huit pages : CINQ centimes

ABONNEMENTS

	SIX MOIS	UN AN
SEINE ET SEINE-ET-OISE	2 fr.	3 fr. 50
DÉPARTEMENTS	2 fr.	4 fr
ÉTRANGER	2 50	5 fr.

Dixième année — DIMANCHE 2 AVRIL 1899 — Numéro 437

PAQUES !

AVRIL

Pâques pluvieux, Saint-Jean farineux.
Avril plaît aux hommes, mai plaît aux bêtes.
Avril en nuées, mai en rosée.
En avril, tout oiseau fait son nid hormis caille, perdrix et le rossignol.
Caprice d'avril fait tomber les fleurs et trembler les laboureurs.
On n'a pas hiverné tant qu'avril n'est pas passé.
En avril le sureau doit fleurir sinon le paysan va souffrir.
Pour Saint-Valérien, tout arbre bourgeonne, le fruit n'est pas loin.
Fleur d'avril tient à un fil.
Avril est cousu de mauvais fil.
N'y ait pas si gentil avril qui n'ait son chapeau de grésil.
À Saint-Théodore fleurit chaque bouton d'or.
Quand avril se met en fureur, il n'est pas pire mois dans l'année.
Pluie le jour de la Sainte-Opportune, ni cerises ni prunes.
À la Saint-Georges, l'épi est dans la gorge.
Avril frais, mai chaud, prépare tes tonneaux.
Quand Saint-Marc n'est pas beau, pas de fruits à noyaux.
Avril fait la fleur, mai en a l'honneur.
À la Saint-Robert, tout arbre est vert.
Gelée de Saint-Fructueux rend le vigneron malheureux.
Pluie de Saint-Hughes à Sainte-Sophie remplit les granges et les barils.
Quand avril est froid et pluvieux, les moissons n'en sont que mieux.
Avril et mai, de l'année, font seuls la destinée.
Hâle de mars, pluie d'avril, rosée de mai,
font d'août et septembre les plus beaux mois de l'année.

Les Très Riches Heures du duc de Berry, *détail, manuscrit des frères Limbourg.*

Avril

Avril, en latin « aprilis », vient du verbe « aperire » signifiant ouvrir. N'est-ce pas à cette saison que les bourgeons s'ouvrent ? Chez les Gaulois, c'était le mois du « réveil du soleil » !

Un soudain regain de bien-être et d'entrain vous envahit. Vous songez à éteindre le chauffage central, à abandonner le pull-over, à faire des projets de vacances. Vous semblez revivre, à l'image de la nature qui émerge lentement de la torpeur hivernale. Depuis quelques jours, la ramure des arbres à travers laquelle on voyait le ciel s'épaissit. C'est le printemps !

Calendrier, le printemps, H. de la Nezière, 1900.

Le printemps

Ce mot vient du latin « primum tempus » : la première époque. Jusqu'au XVIe siècle, l'année commençait effectivement avec le printemps pour se terminer au sortir de l'hiver. Depuis quatre cents ans, en raison des modifications du calendrier imposées par Charles IX, nous vivons au rythme de l'année légale mais nous avons conservé au fond de nous-mêmes l'empreinte du cycle de la nature. Une indéfinissable horloge biologique enfouie dans notre mémoire ancestrale nous indique chaque année ce recommencement.

La sève du printemps fait grossir les jeunes bourgeons. Entre les écailles brunes qui s'écartent, un tout petit liseré vert grandit chaque jour sous la poussée des jeunes feuilles gorgées par la sève dont l'arbre les inonde. En ces jours d'équinoxe où les jours deviennent égaux aux nuits, la nature reprend vie. Le printemps, c'est la vie ! Ne compte-t-on pas parfois l'âge en printemps ?

Le printemps marque le réveil de la nature : traditionnellement, il déclenche un regain d'activités. Bien qu'il n'hiberne pas, l'homme ne saurait rester indifférent au mouvement de la nature, même au cœur des villes. Le « grand nettoyage de printemps » symbolise cet appel de la vie et ce renouveau. Déjà, à Troie, au sud de l'actuelle Turquie, les archéologues ont constaté que, pendant les saisons froides, on entassait objets cassés et détritus à même le sol de terre battue. Dès les premiers jours, les habitants les recouvraient de terre fraîche qu'ils battaient pour reconstituer le sol.

Autrefois, le printemps était l'occasion de faire participer le corps humain au renouveau de la nature en se purgeant après un jeûne d'une journée. À Rome, la fête du printemps, nommée Palibus car elle était consacrée à Palès, déesse des vergers et des prairies, commençait par des cortèges d'éphèbes, de prêtres et de vestales. Au son des flûtes et des cymbales, ils se rendaient en grande pompe au temple de Vesta afin de prendre sur l'autel de la déesse les objets consacrés, selon les rites, aux expiations et aux purifications : notamment des fèves desséchées, du sang de cheval et des cendres de veau. Les paysans, quant à eux, purifiaient leurs troupeaux en les exposant à des fumigations de soufre. Ils mettaient le feu à de vastes bûchers de résineux et d'herbes odorantes afin de purifier l'air de toutes les souillures de l'année précédente.Le progrès, les nouvelles techniques nous permettent de nous défendre de mieux en mieux contre les rigueurs du froid. L'arrivée de l'hiver change de moins en moins nos habitudes et nos façons de vivre. Faut-il vraiment s'en réjouir ? Le rythme des saisons, dans leur bénéfique diversité, est source d'indicibles satisfactions. Quelle richesse ! À force de nous garantir contre les inconvénients des saisons, saurons-nous toujours goûter leur charme vrai ? Le réveil printanier est un instant unique, une nouvelle naissance. Souhaitons qu'il demeure, malgré et surtout à cause des pollutions urbaines et des concentrations excessives, un appel à la vie, une réalité vivante.

Le printemps en Bretagne

« Le printemps en Bretagne est plus doux qu'aux environs de Paris, et fleurit trois semaines plus tôt. Les cinq oiseaux qui l'annoncent, l'hirondelle, le loriot, le coucou, la caille et le rossignol, arrivent avec des brises, qui hébergent dans les golfes de la péninsule armoricaine. La terre se couvre de marguerites, de pensées, de jonquilles, de narcisses, d'hyacinthes, de renoncules, d'anémones, comme les espaces abandonnés qui environnent Saint-Jean-de-Latran et Sainte-Croix-de-Jérusalem, à Rome. Des clairières se panachent d'élégantes et hautes fougères ; des champs de genêts et d'ajoncs resplendissent de leurs fleurs qu'on prendrait pour des papillons d'or. Les haies, au long desquelles abondent la fraise, la framboise et la violette, sont décorées d'aubépines, de chèrrefeuille, de ronces, dont les rejets bruns et courbés portent des feuilles et des fruits magnifiques. Tout fourmille d'abeilles et d'oiseaux ; les essaims et les nids arrêtent les enfants, à chaque pas. Dans certains abris, le myrte et le laurier-rose croissent en pleine terre, comme en Grèce ; la figue mûrit comme en Provence ; chaque pommier, avec ses fleurs carminées, ressemble à un gros bouquet de fiancée de village. »

François-René de Chateaubriand
in « Mémoires d'outre-tombe »

1er avril

Le mois d'avril commence par un grand éclat de rire dont l'origine se perd dans la nuit des temps. 1er avril. L'humeur est badine. La plaisanterie dans l'air. Alors que de très nombreuses réjouissances antiques ont été christianisées, le poisson d'avril semble être l'une des rares réjouissances populaires profanes à avoir gardé sa spécificité et son originalité. Le fondement de cette curieuse coutume est très mystérieux. Les théories les plus hasardeuses sont avancées.

Pour certains, cette tradition correspondrait à l'ouverture de la pêche, qui se situe généralement aux alentours de cette date, et aux moqueries dont sont victimes les malheureux bredouilles.

La thèse la plus souvent accréditée est historique et serait liée à un changement intervenu dans le calendrier. En 1564, le parlement de Paris enregistra une ordonnance du roi Charles IX qui instituait le début de l'année le 1er janvier au lieu du 1er avril. Les étrennes furent avancées elles aussi, mais on continua, sans doute pour satisfaire les nostalgiques de l'Ancien Régime, à se faire de petits cadeaux qui se transformèrent rapidement en cadeaux pour rire, en cadeaux-gags, puis en plaisanteries et

1er avril.
« Je viens selon l'usage, vous offrir ce poisson, qu'il soit pour vous le gage de ma tendre affection ».
carte postale.

attrapes. Comme en avril, le soleil vient de quitter le signe zodiacal du poisson, on donne le nom de « poisson d'avril » à ces balivernes. Cependant, il apparut que cette expression et les farces qui s'y rattachent sont bien antérieures à ces modifications du calendrier. En Grèce, au cours des Hélaria, on fêtait le dieu du rire et on honorait Cybèle qui, plus tard, fut remplacée par Aphrodite, déesse de l'amour, née de l'écume et... protectrice des poissons.

Qui ne se souvient des poissons en papier que l'on épinglait dans le dos du camarade, quand le maître tournait la tête ?

Au XIXe siècle, les apprentis étaient souvent l'objet de plaisanteries parfois cruelles. On envoyait le saute-ruisseau de l'étude notariale chercher le « code des arrêts futurs », l'apprenti cuisinier se procurer une passoire sans trou ou la ficelle à lier la sauce, le mousse un filet sans maille.

À la même époque, les cartes postales se développent. Les éditeurs font preuve d'imagination pour créer des cartes postales pleines de facéties, d'un goût plus ou moins sûr. La carte de poisson d'avril était l'occasion d'adresser une pensée teintée de taquinerie ou encore de déclarer sa flamme avec discrétion.

Poisson d'avril

Un poisson d'avril
Est venu me raconter
Qu'on lui avait pris
Sa jolie corde à sauter

C'était un cheval
Qui l'emportait sur son cœur
Le long du canal
Où valsaient les remorqueurs

Et alors
Un serpent
S'est offert comme remplaçant
Le poisson
Très content
Est parti à travers champs
Il saute si haut
Qu'il s'est envolé dans l'air
Il saute si haut
Qu'il est retombé dans l'eau.

Boris Vian
In J.-H. Malineau :
« Il était une fois les animaux »

1er avril,
carte postale,
détail.

Pâques

Alléluia ! Le Christ est ressuscité.

C'est Pâques ! L'exode. La traversée. La fête du passage que l'on trouve déjà dans la « Pessah » juive.

Au matin de Pâques, des femmes et les apôtres voient le tombeau vide. L'impossible s'est accompli. Celui qui, crucifié, est mort et a été mis au tombeau est ressuscité. Sans témoin. Pâques célèbre la mort et la résurrection de Jésus-Christ et donne tout son sens à la vie chrétienne.

Ce qu'a vécu le Fils de Dieu est la continuité même de ce qui a été vécu par le peuple d'Israël à sa sortie d'Égypte : son retour à la Terre promise. C'est aussi un formidable message d'espérance. La « bonne nouvelle », que certains seraient tentés de réduire à une mythologie ou à un folklore culturel.

Le voyage des cloches
à Rome, dessin, détail.
Grandville.

La Passion de Jésus.
Duccio di Buoninsegna
(1255-1319).
Sienne.

relance l'espoir humain. Toutes les vies sont jalonnées de morts et d'échecs qui ne sauraient être fatals. Depuis Pâques, la vie a triomphé de la mort. L'impossible devient possible.

La messe de minuit, la crèche, le sapin, les cadeaux enrubannés évoquent irrésistiblement Noël. À Pâques, autre temps fort de l'année riche en convivialité, les traditions sont moins nombreuses et moins ancrées. Bien qu'il n'en soit absolument pas fait mention dans les textes liturgiques, il ne saurait cependant y avoir de Pâques sans œufs ni cloches !

La légende des œufs vient de la nuit des temps. Dans la tradition finlandaise, c'est de l'œuf que naquit le monde. Les livres sacrés persans rapportent que, dans la nuit universelle, un œuf apparut. Il s'ouvrit en deux. La Lune et le Soleil s'élevèrent au firmament tandis que la Terre, plus lourde, s'immobilisa et devint le berceau de la vie. Dans la mythologie indienne, le cosmos respire et, pour se reposer, se retire dans un œuf. Depuis toujours, les Chinois s'offrirent des œufs au printemps en signe de fécondité et de renouveau. À Rome, le 19 avril, c'était à Cérès, déesse de l'agriculture, que l'on apportait du pain et des œufs pour gagner ses faveurs. L'œuf, symbole de la vie et de perfection, a trouvé tout naturellement sa place dans la fête chrétienne de la Résurrection.

Dès le XIIe siècle, des œufs étaient bénits par l'Église. Le roi de France en distribuait lui-même à la sortie de la messe pascale. À cette époque, les chrétiens d'Égypte, les Coptes avaient coutume de s'offrir des œufs colorés. Au XVe siècle, la tradition d'offrir des œufs à la fin du carême était établie en France, peut-être influencée par les croisés. Au XVIIIe siècle, l'œuf le plus gros du royaume pondu pendant la Semaine sainte était solennellement offert au roi. Pendant ce temps d'abstinence, il était autrefois interdit de consommer, voire même de vendre des œufs. Au sortir de l'hiver, la production était forte. Que faire de ces œufs qui, au cours de cette période de quarante jours, s'amoncelaient ? La joie de la Résurrection mettant un terme aux pénitences, on en offrait aux amis, souvent gravés ou décorés notamment en rouge, couleur de la Résurrection. Dans certaines

campagnes, les enfants se rendaient de maison en maison : après avoir chanté un refrain traditionnel, ils recevaient en échange une pièce de monnaie, mais aussi parfois des œufs. Dans toutes les régions de France, il était confectionné des pâtisseries pascales riches en œufs : la soupe dorée en Savoie, le campanili en Corse, l'alise pacaude en Vendée, les miflettes en Bourgogne, les pagnottes en Forez, les fougassons en Auvergne… Les pâtissiers n'ont cependant pas encore réussi à créer pour Pâques un gâteau aussi populaire que la bûche de Noël ou la galette des Rois. Autrefois, le matin de Pâques, après la messe qui était l'occasion d'étrenner des habits neufs, les enfants partaient joyeusement dénicher dans les jardins printaniers des œufs peints. De nos jours, ils sont en chocolat. Avec l'urbanisation, le terrain d'investigation est souvent réduit aux limites de l'appartement. Le haut des armoires et le balcon ont remplacé les branches d'arbres ou les bosquets odorants, mais l'ardeur est toujours la même. Ces présents gourmands, on les doit aux cloches qui les ont rapportés de Rome. Les cloches qui égrènent le temps ont un nom, une voix, parrain et marraine. N'ont-elles pas aussi un côté magique !
Complices fidèles, elles rythment la vie des communautés humaines, chantant pour les naissances, riant avec les mariés, pleurant sur les morts et sonnant aussi les heures tragiques de la guerre… Grâce aux cloches, qui donnent une âme aux clochers, les hommes vivent à l'unisson, communiant aux mêmes joies et aux mêmes peines. Après avoir sonné à toute volée le chant solennel du « Gloria » du Jeudi saint, les cloches se taisent traditionnellement jusqu'à la nuit pascale, rappelant ainsi la mort du Christ. Selon les régions, ce silence s'explique de différentes façons. Les cloches s'envolent pour Rome, dit-on, pour accomplir leurs Pâques, déjeuner avec le pape, se faire bénir par lui ou encore se confesser à lui. Au retour, les jupes d'airain sont remplies de friandises destinées aux enfants qui ont su respecter les pénitences du Carême.
Les cloches n'ont cependant pas l'exclusivité de ces libéralités. Ce rôle de distributeur de douceurs revient, au Tyrol à une poule, en Thuringe à une cigogne, en Suisse à un coucou et dans les pays de traditions anglo-saxonnes à un lièvre, le sympathique « Easter Bunny ».

Pâques

« De mon œuf de Pâques, je n'aurai que les débris. Qu'il était petit et fragile ! Sa coque se pulvérise sous les doigts. Blanc, piqueté de marron, d'abord je l'ai cru entier. Qui l'avait apporté là ? Point de branches et point de nid au-dessus de ma tête. Un œuf volé… D'une couvée d'oiseau, il ne reste à mes pieds qu'une coupelle délicate et tavelée, bien léchée par la bête scélérate. Je chercherai donc d'autres œufs de Pâques, quand ce ne serait que dans ma mémoire. Le Samedi de Pâques, autrefois, je les trouvais par terre, étrange fruit des bordures de buis taillé. Je les pouvais cueillir aussi entre les tiges acqueuses de la jacinthe et des narcisses trompettes. Les couleurs épaisses des œufs durs de Pâques — un bleu d'encre, un rouge triste et violacé — sont bon teint dans mon souvenir.

« Leur bleu, leur rouge, traversait parfois la coquille, reinaient le blanc de l'œuf. "Ne les mange pas, disait alors ma nourrice, c'est de la poison."

« Aux "roulées", les enfants de chœur quêtaient et rapportaient des panerées, des sacs, des monceaux d'œufs, dont les paysans se montraient moins avares que de pain bis. »

Colette
« En pays connu »

Pâques, distribution des œufs à la sortie des églises, XIXe siècle, anonyme.

L'alise pacaude

Incorporer doucement à la pâte à pain le beurre, les œufs, le sucre, le sel et l'eau de fleur d'oranger. Donner la forme d'un pain rond. Laisser lever pendant quatre heures et faire cuire à four moyen pendant une demi-heure. Attention ! En aucun cas n'y goûtez avant le matin de Pâques. La veille, l'alise pacaude est remplie de crapauds, dit-on...

Pâques : une fête mobile !

Pâques peut être fêté indifféremment, selon les années, entre le 22 mars et le 25 avril, ces deux dates étant toujours extrêmes. Qu'est-ce qui explique cette mobilité ? Le concile de Nicée, en 325, a arrêté définitivement la date de Pâques : le premier dimanche qui suit la première lune après l'équinoxe de printemps. L'année solaire comportant douze mois ne concorde pas avec l'année lunaire qui, elle, en comporte treize, aussi la première lune ne peut-elle donc tomber qu'à des dates variables. La règle qui veut que Pâques soit systématiquement célébrée un dimanche accroît encore la mobilité de cette fête.

Afin de pallier les difficultés que cette mobilité entraîne, certains ont proposé que Pâques soit fêtée comme Noël à une date fixe, le 8 avril, date présumée de la résurrection du Christ. Cette solution ne saurait faire l'unanimité puisque ainsi Pâques tomberait rarement un dimanche. Il apparaît souhaitable à d'autres de fêter Pâques le dimanche le plus proche du 8 avril. La mobilité ne serait certes pas supprimée mais ainsi très largement limitée.

MAI

Quand il pleut le premier jour de mai, les fourrages rendent amer le lait.
Quand il tonne en mai, les vaches ont du lait.
Pluie de la croix, disette de noix.
Mars aride, avril humide, mai tenant de tous deux présage l'an plantureux.
Quand l'aubépine rentre en fleur, crains toihours quelque fraîcheur.
S'il pleut à la petite Saint-Jean, toute l'année s'en ressent
jusqu'à la grande Saint-Jean.
Rosée du soir et fraîcheur de mai appellent du vin et beaucoup de foin.
En mai, fleurit le hêtre et chante le geai.
Saint-Mamert, Saint-Gervais, Saint-Pancrace
sont toujours de vrais saints de glace.
À la Sainte-Denise s'arrête la bise.
À la Saint-Honoré, s'il fait gelée, le vin diminue de moitié.
La rosée de mai fait tout beau ou tout laid.
S'il gèle à la Saint-Bernardin, adieu le vin.
En mai, chaude et douce pluie fait belle fleur et riche épi.
Beau temps le jour de Saint-Émile donne du fruit à la folie.
Après la Sainte-Angèle, le jardinier ne craint plus le gel.
Le vigneron n'est rassuré que la Saint-Urbain passée.
À Saint-Idevert, est mort tout arbre qui n'est point vert.
Tant que mai n'est pas au vingt-huit l'hiver n'est pas cuit.
En mai, fais ce qu'il te plaît.
Rosée de mai vaut chariot de foin.
S'il pleut à la Sainte-Pétronille, les raisins deviennent grappilles.
Si le soleil brille le premier jour des Rogations,
beau temps pour la fenaison ; si le temps reste couvert le deuxième jour,
il le restera pour la moisson ; et si le troisième jour,
la pluie tombe plus que de raison, elle fera de même toute l'arrière-saison.

Coutume villageoise : les planteurs du May.

Mai

Le mois de mai est celui de Maia. Fille d'Atlas qui portait le monde sur ses épaules, elle est l'aînée des Pléiades, mère d'Hermès et déesse de la terre qui nourrit les hommes. C'est un mois riche en jours fériés religieux ou païens. Ce mois de mai, qui incarne souvent l'insouciance, le bonheur, la détente (printemps oblige) présente bien des visages : mois de Marie, mois de la contestation étudiante, mois de la révolte ouvrière, mois printanier… Depuis longtemps, puisqu'un rondeau du XVIIIe siècle en fait déjà mention, la coutume veut que, le premier mai, on offre à ceux que l'on aime un brin de muguet, porteur de bonheur et d'espérance. La légende rapporte que cette fleur aurait été créée par Apollon pour donner à fouler aux neuf Muses un tapis digne d'elles.

L'arbre de mai

Autrefois, dans la nuit du 30 avril au 1er mai, les jeunes gens munis d'un panier vide et de bouquets s'en allaient de porte en porte, au rythme des fifres et des tambours, déposer quelques fleurs ou branches symboliques, exprimant leurs sentiments à la porte des jeunes filles. Le lilas représentant l'innocence et la modestie rendait hommage à la beauté. Prochaines épousailles annonce l'aubépine. Aux filles à l'humeur acariâtre, la ronce. Le chêne garantit l'amour et l'hospitalité. Pour les grincheuses, le houx ! L'aubépine était signe d'un grand respect mais l'ajonc était moins flatteur ! Cette joyeuse troupe demandait devant chaque maison à boire ou quémandait des victuailles. Sur la place principale, un arbre de mai, tout enrubanné et gaiement décoré, était planté en présence des corporations avec leurs bannières. Dès le lendemain, le mai injurieux est livré aux flammes. S'il est signe de quelque espoir, il sera précieusement gardé jusqu'au printemps prochain. Le mai collectif est mis aux enchères ou en loterie pour financer un joyeux festin collectif.

Le 1er mai, fête du Travail

Le 1er mai, c'est la fête du bonheur mais aussi la fête du travail. Le XIXe siècle, en même temps qu'il incarne le développement des techniques, de l'urbanisation et de l'industrialisation, est aussi celui de la lutte pour l'humanisation des conditions de travail. Au début de ce siècle, hommes, femmes et enfants travaillent 12 à 15 heures par jour dans les ateliers et les usines. Des progrès lents mais certains émaillent tout le siècle dernier. En 1841, l'interdiction de travail des enfants de moins de huit ans sera étendue aux moins de treize ans. En 1864, la grève n'est plus considérée comme un délit ; en 1864, la liberté syndicale est reconnue pour tous, sauf les fonctionnaires. Il faudra cependant attendre 1907 pour que le repos hebdomadaire devienne une obligation.
Le 1er mai plonge ses racines aux États-Unis. C'était en Amérique le « moving day », date du départ des contrats de louage, l'équivalent chez nous de la Saint-Jean ou de la Saint-Michel. En 1886, les organisations ouvrières américaines, dont les célèbres « Knights of Labor », choisirent cette date pour organiser, sur une base corporative, une grève générale, afin de réclamer la journée de

Les brins du mu
du 1er mai,
porte-bonheur,
carte postale.

La fête de mai,
peinture de Salentin.

8 heures. C'était, pour la population laborieuse, une grande aspiration. Près de 350 000 grévistes cessèrent le travail dans un enthousiasme général. À Chicago, où la tension sociale était particulièrement exacerbée, la grève ne s'arrêta pas. Des heurts violents opposèrent manifestants et forces de police. Des coups de feu furent échangés : on dénombra six manifestants tués et cinquante blessés. Le lendemain, une émotion indicible envahit la ville. Un meeting réunit plus de 15 000 manifestants. Au moment de la dispersion, la police intervient. Une bombe éclate : deux policiers sont tués. C'est le début d'un terrible massacre dont on ignore exactement le nombre de victimes. Après une parodie de procès, six militants furent condamnés à la potence. Les pendus de Chicago devinrent de véritables martyrs de la cause ouvrière. Le Congrès international socialiste, réuni le 21 juillet 1889, prit la résolution de faire du 1er mai une journée internationale de revendications sociales. Sa déclaration est solennelle : « Il sera organisé une grande manifestation internationale, de manière que dans tous les pays et toutes les villes à la fois, le même jour, les travailleurs mettent les pouvoirs publics en demeure de réduire légalement à huit heures la journée de travail et d'appliquer les autres résolutions du congrès de Paris. »

Attendu qu'une semblable manifestation a été décidée pour le 1er mai 1890 par l'« American Federation of Labor », cette date est adoptée pour la manifestation internationale. Le 1er mai 1890, en France, ne frappa pas les esprits. Celui de 1891 rejoignit dans l'horreur celui de Chicago. À Fourmies, petite cité industrielle du Nord, la fête revendicative se transforma en drame. Les affrontements entre forces de l'ordre et manifestants firent dix morts et plusieurs dizaines de blessés. Découragements, espoirs et désillusions se succèdent. La pression populaire n'est cependant pas sans effets : en 1906, la loi sur le repos hebdomadaire est votée ; en 1919, le Parlement se résout à accorder la journée de 8 heures. Le 1er mai 1936, une impressionnante démonstration de force constituera un prélude aux grandes grèves qui déboucheront sur la semaine des quarante heures et quinze jours de congés payés... Avec l'arrivée du maréchal Pétain au pouvoir, le 1er mai, coïncidant avec la Saint-Philippe, sera remis à l'honneur en 1941. Il bénéficiera d'une existence légale mais le sens profond de la journée sera profondément transformé. En 1947, le 1er mai devint une fête légale, chômée et payée. Ce jour est célébré aujourd'hui dans la plupart des pays industriels, sauf aux U.S.A. où la fête du Travail est célébrée le premier lundi de septembre. Les défilés, plus ou moins unitaires selon les années, sont l'occasion pour les centrales syndicales de rappeler leurs revendications prioritaires et de se situer par rapport à la politique gouvernementale, dans une ambiance de « 14 Juillet du travail ». De nos jours, cependant, le 1er mai n'est plus l'occasion privilégiée d'exposer ses revendications, même si c'est encore une occasion de s'exprimer. Souvent, la fête du Travail est devenue la fête tout court. C'est un jour de congé supplémentaire que les vicissitudes du calendrier placent favorablement quatre ans sur sept, en permettant de bénéficier d'un long week-end ou d'un pont dont le mois de mai, seul, a le secret ! Bien oubliées les fusillades de Chicago ou de Fourmies. Aujourd'hui, le farniente prime sur les revendications. Oui, le 1er mai, ce plus que centenaire, montre quelques signes d'essoufflement.

L'Ascension, psautier cist
Besançon.

L'Ascension

Quarante jours après Pâques, toujours un jeudi, on célèbre depuis le IVe siècle l'Élévation du Fils de Dieu au ciel. Après sa Résurrection, Jésus-Christ apparut aux apôtres et leur demanda de ne pas être passifs avant le retour du Seigneur. Ils furent invités à aller par le monde entier porter la bonne nouvelle. Pendant qu'il les bénissait, il fut enlevé au ciel et s'assit à la droite de Dieu.

Les Rogations

Les Rogations, plus célébrées autrefois qu'aujourd'hui, ont lieu les trois jours précédant l'Ascension. Cette procession à travers la campagne, à une période déterminante pour les récoltes, fut instituée par saint Mamert, évêque de Vienne, à la suite d'une série de calamités, en 469. Une prescription du concile d'Orléans, en 511, répandit cet usage dans toute la France. En 816, le pape Léon III l'étendit à toute l'Église.

Au petit matin, curé, vicaires, enfants de chœur, paroissiens et paroissiennes s'ébranlent derrière la croix à travers champs et prés. Dans chaque hameau, des portes s'ouvrent. Des fidèles quittent leur domicile pour s'unir à la procession. Les supplications des litanies s'élèvent dans le calme matin tandis que le curé, à larges coups de goupillon, bénit les moissons en herbe, les arbres en fleurs et les animaux qui paissent. La procession s'arrête devant les fontaines et les puits dans lesquels le prêtre jette du sel pour les purifier. Dans le Midi, on porte en procession les reliques du saint vénéré dans la paroisse. Beau temps, le premier jour des Rogations était un heureux présage pour le foin, le deuxième pour la moisson, le troisième pour les vendanges. Pendant ces trois jours, on prenait bien garde de ne pas faire la lessive ; un dicton ne disait-il pas : « Celui qui lessive aux Rogations sera au lit aux moissons » ; un autre, plus menaçant encore, affirmait péremptoirement : « Quand on lave aux Rogations, il sort un corps de la maison. » En Ille-et-Vilaine, on affirmait que l'état du ciel pendant les Rogations serait celui de la moisson, de la vendange et de la cueillette des pommes. Le beurre fabriqué pendant ces trois jours avait, pensait-on, des vertus très particulières. Véritable onguent, il était conservé toute l'année afin de soulager des maux divers et tout particulièrement le rachitisme des enfants, dont on enduisait le corps.

De nos jours comme hier, la procession des Rogations est une démarche d'intercession et de grâce. C'est un acte de foi dans les bienfaits divins et une reconnaissance de la haute puissance de Dieu sur la création confiée à l'homme.

Si le mois de mai était le mois de la courtoisie et des approches amoureuses, il n'est pas celui du mariage. Déjà les anciens pensaient que les unions contractées à cette époque de l'année pouvaient être néfastes. « Que les vierges et les veuves, disait Ovide, se gardent bien d'allumer dans ce mois les flambeaux de l'hyménée. Ces flambeaux se changeraient bientôt en torches funèbres. »

Les Romains s'étaient en effet aperçus qu'au mois de mai, les astres Vénus et Mars s'opposaient ; aussi en avaient-ils déduit que les enfants conçus alors ne pourraient être ni amoureux ni guerriers. Ils décidèrent qu'il n'y aurait pas de mariages en mai.

Les Rogations

« J'ai gardé le souvenir d'une procession des Rogations, suivie avec mon père. À travers champs et par les chemins creux, nous marchions sur les hauteurs qui dominent la ville, derrière la croix et les prêtres de la paroisse. Nous chantions à pleine voix les réponses aux prières faites pour attirer sur les moissons les bénédictions du ciel : "Ut nobis parcas - Te rogamus audi nos..." Je crois respirer encore l'air marin de ce printemps breton, le plus beau du monde. La procession prenait l'allure d'une promenade champêtre. Sur la mousse des talus il y avait des fleurs de lait, des jonquilles, des marguerites, le chèvrefeuille sauvage embaumait. Les chemins pierreux étaient bordés de buissons de genêts. Je marchais aux côtés de mon père, heureux et fier qu'il m'eût jugé assez grand pour l'accompagner, si tôt le matin. »

Michel Mohrt
in « La Maison du père »

Bal de mai donné à Versailles en 1763, gravure.

La fête des Mères

Même si elle ne fait pas toujours l'unanimité, la fête des Mères est bien entrée dans les mœurs. Les militantes féministes la décrient. Certains s'élèvent contre son exploitation commerciale. Cependant, un récent sondage révélait que 87 % des Français étaient favorables au maintien de la fête des Mères qui, pour 59 % d'entre eux, était une fête traditionnelle permettant d'honorer les mères et de montrer l'importance de la famille.

La fête des Mères, telle qu'on la connaît aujourd'hui, apparaît comme l'aboutissement d'une longue tradition. À travers les siècles et les civilisations, on retrouve en effet de nombreuses traces du culte de la mère de famille. Au IVe siècle avant Jésus-Christ, on la célébrait et déjà elle était prétexte à cadeaux. Napoléon Ier, dont l'œuvre fut si abondante et durable, avait poussé à rendre gloire aux mères et aurait aimé que chaque année « une grande fête au mérite des mères, des enfants, de la famille soit célébrée chaque printemps en France. Quand renaît la nature entière, car c'est à ma mère que je dois tout ». Cette coutume nous est parvenue vers 1917 par l'intermédiaire des soldats alliés. Aux U.S.A., le « Mother Day » est fêté le premier ou le deuxième dimanche de mai. Ce jour-là, les hommes portent à la boutonnière un œillet blanc, symbole de l'amour maternel. Trois ans auparavant, Mme Anna Jarvis, restée inconsolable de la mort de sa mère, avait demandé au président américain Wilson de consacrer un jour par an à la célébration des mères de famille.

Le jour de la fête des Mères, « Summer Love », Niczky Eduard (1850-1919).

Le 16 juin 1918 est organisée, à Lyon, sous l'impulsion du colonel de La Croix-Laval, la première « Journée des Mères ». Des prix sont décernés, dont un offert par le président de la République. La Chambre des députés confie à M. Bertillon le soin de coordonner les efforts d'un comité exécutif provisoire, composé de l'Alliance nationale, de la Ligue pour la vie, de la Ligue de la plus grande famille, du Secours national...

La France vient de payer un lourd tribut à la guerre. Elle s'applique à se relever. Plus que jamais, il est indispensable d'encourager la natalité et les familles nombreuses. Un conseil supérieur de la natalité est constitué. Ses efforts sont multiples : le 27 juin 1920 a lieu, à Lille, la première distribution de médailles (or, argent ou bronze selon le nombre d'enfants).

Le ministre de l'Intérieur fixe au 19 décembre 1920 la première journée nationale des mères de famille nombreuse. Pour la première fois, une collecte publique, dont les fonds sont destinés à récompenser les familles méritantes, est organisée. Au Trocadéro, sous la présence de M. Breton, ministre de la Prévoyance sociale, 7 000 personnes assistent à un spectacle au cours duquel la médaille d'or de la famille française est décernée à Mme Marcelle Comblet-Sue, mère de treize enfants.

À partir de 1926, la journée des mères sera organisée chaque année. En 1935, le quotidien « Le Matin » lance l'idée d'élever un monument aux mères : il sera inauguré par le président Lebrun en 1938. Certaines associations souhaitent que les « mères sublimes » puissent être citées à l'ordre de la nation. Dans ces années d'après-guerre, les mères sont traitées comme les « poilus » ! Médailles, citations, monuments leur sont consacrés. Femmes de devoir, les mères de famille nombreuse, plus que les autres, sont l'objet de la gratitude de la patrie. Le maréchal Pétain développera une culture de la féminité pour rappeler aux femmes leur « juste » place dans la cité. En les glorifiant, il les cantonnera dans un rôle étroit. Fidèle à sa devise « Travail, Famille, Patrie », il s'efforcera de promouvoir la famille, « cellule de la vie française : cellule indispensable de la civilisation ». Pour le chef de l'État français, le redressement national passe inéluctablement par le développement d'une politique familiale énergique et volontariste reposant sur le retour de la femme dans son foyer. « Le cœur de la famille, la lampe du foyer, c'est la maman », affirme bien haut le journal « Le Foyer ». En 1941, la fête des mères de famille nombreuse devient la « Journée nationale des mères ». Elle est inscrite dans le calendrier au même titre que les autres fêtes nationales. C'est un événement national très politique. À la pompe et aux flonflons, on préférera la simplicité et la spontanéité de l'affection filiale. Toutes les mères sont fêtées, pas seulement celles dont la progéniture impressionne.

Au lendemain de la Libération, les mères seront toujours l'objet d'une attention particulière. Le 24 mai 1950, pendant le septennat du président Auriol, une loi institutionnalise cette journée qui prend alors le nom officiel et définitif de « Fête des Mères ». Elle est fixée au dernier dimanche de mai et marque le terme de la semaine de la mère et de l'enfant. Son organisation est confiée au ministère de la Santé et de la Population avec le concours de l'Union nationale des associations familiales. Progressivement, la reconnaissance officielle de la patrie passera au second plan.

De nos jours, la fête des Mères ne saurait être le prétexte ou l'occasion de populariser les thèses natalistes. Elle n'a pas non plus pour but de faire l'éloge de la femme au foyer, soumise, sans rayonnement social. L'institution, bien établie, n'est pas remise en cause. Elle s'est renouvelée. La démarche officielle est reléguée au second plan. Plus que les mères, ce sont les mamans qui sont fêtées ce jour-là. Elles ont donné la vie, se sont penchées sur leurs enfants dès leur venue au monde, les ont éveillés à la société avec angoisse et tendresse et savent rester toute leur vie, quelles que soient les circonstances, un éternel recours.

Les discours officiels vantant les mérites sociaux et patriotiques de la maternité s'essoufflent de nos jours tandis que résonne à travers toute la France un immense et sincère « Bonne fête Maman ! ».

Septième anniversaire de la victoire à Paris. Devant la Madeleine, un groupe de jeunes Parisiennes revêtues de robes aux couleurs des quatre pays victorieux. 8 mai 1952.

8 mai

Depuis 1953, la victoire de 1945 est fêtée officiellement le 8 mai.

Le 8 mai 1945, ce n'est pourtant pas encore la paix. On se battait encore en Asie mais Hitler venait de se suicider dans son bunker. Tito entrait en vainqueur dans Trieste et Berlin ne pouvait plus résister à l'Armée rouge. Le 7 mai, dans un lycée de Reims, le général Eisenhower reçut la capitulation sans condition du général Jodl. Le lendemain, à Berlin, la reddition inconditionnelle de l'Allemagne était confirmée par le chef de l'état-major suprême, le maréchal Keitel. Les armes se taisaient. La victoire tant espérée devenait réalité. En ce 8 mai 1945, une liesse générale s'empara de la France réconfortée par le retour prochain de milliers de prisonniers et la paix enfin retrouvée. Comment oublier cependant le terrible bilan de cette Seconde Guerre mondiale, la plus cruelle de l'Histoire : 61 États mobilisés ou affectés, 55 millions de morts et 35 millions de blessés ?

JUIN

En juin, soleil qui donne n'a jamais ruiné personne.
Saint-Marcellin, bon pour l'eau, bon pour le vin.
En juin, le temps qu'il fait le trois sera le temps du mois.
Si en juin, il vient un grand chaud, tous les blés seront creux et chauds.
Soleil de juin luit le grand matin.
S'il pleut à la Saint-Médard et que la Saint-Barnabé ne lui coupe le pied,
il pleut quarante jours plus tard.
Si le 10 juin est serein, on assure avoir bon grain.
Blé fleuri à la Saint-Barnabé donne abondance et qualité.
Pour la Saint-Antoine, les jours croissent comme la barbe d'un moine.
C'est juin qui fait le foin.
S'il pleut à la Saint-Gervais, pour les blés c'est signe mauvais.
Orages avant la Saint-Jean ne sont pas dangereux, après ils sont violents.
Pluie à la Saint-Jean noie les noisettes,
beau temps à Saint-Pierre les rachète.
Après la Saint-Jean, si le coucou chante, l'année sera rude et méchante.
S'il tonne en juin, année de paille et de foin.
S'il pleut la veille de Saint-Pierre, la vigne est réduite d'un tiers.
Saint-Paul et Pierre pluvieux est pour trente jours dangereux,
mais si la journée est saine elle annonce une année sereine.
Pluie de juin ruine le moulin.
Prépare autant de tonneaux qu'en juin, tu trouveras de jours beaux.

Juin

Juin viendrait de Junius Brutus, premier consul romain, ou de Junon, femme de Jupiter et déesse de la beauté. Ce mois aux jours sans fin et à la température croissante offre d'heureuses perspectives : les vacances ! Cependant, pour de nombreux jeunes Français, la préoccupation immédiate est plus grave, il leur faut réussir le baccalauréat. Tel est en effet l'objectif suprême de douze ans d'études qui n'est atteint en général que par 65 % des candidats.

L'été, 1900, H. de la Nezière.

Le baccalauréat, une institution

Le baccalauréat a été créé par un décret impérial du 17 mars 1808, qui en fait le couronnement de l'enseignement secondaire et le premier grade universitaire.

Sous Louis XVIII, il devient une véritable institution, la porte d'accès indispensable à l'enseignement supérieur et à toutes les carrières libérales. À cette époque, le candidat admis à l'oral tirait parmi 500 questions un texte à expliquer et un sujet d'interrogation. Une industrie naquit, celle des « boîtes à bachot » qui préparaient, moyennant finances, les candidats quelque peu obtus.

En 1874, le baccalauréat est divisé en deux parties, une séparant obligatoirement la première partie de la seconde. Cette innovation sera maintenue jusque dans les années soixante. Le latin, critère de sélection par excellence, était alors obligatoire. Ce n'est qu'en 1882 qu'un baccalauréat moderne est institué. Cet examen sans latin n'a pas bonne réputation. C'est pour certains un « sous-baccalauréat ». En 1923, la Chambre bleu horizon le supprima. La pérennité de cette vieille institution napoléonienne réside certainement dans sa capacité d'adaptation. Quelle différence entre le baccalauréat originel qui privilégiait les humanités et celui d'aujourd'hui, véritable examen à la carte !

Jadis condition d'accès à un certain rang social, le baccalauréat s'est généralisé et n'est plus qu'un passeport pour l'enseignement supérieur.

Pendant longtemps, le nombre de bacheliers fut très faible : 4 000 en 1850, 9 000 en 1922, 12 000 en 1935. Réservé à une élite dont les jeunes filles étaient presque exclues, le « bachot » a connu un développement parallèle à celui de la gratuité de l'enseignement secondaire et à la démocratisation des lycées. En 1940, les bacheliers avoisinaient 30 000, en 1975, ils dépassaient 175 000. En 1987 on a pu dénombrer 268 000 bacheliers, soit huit fois plus qu'il y a trente ans ! Huit ans plus tard, en 1995, ils étaient plus de 400 000. Désormais, grâce à diverses réformes de l'enseignement, c'est environ 60 % des jeunes d'une génération qui sont bacheliers au lieu de 5 % en 1950.

Objet tout à la fois de convoitises et d'appréhension, cet examen a la vie dure malgré les attaques qu'il subit depuis toujours Le célèbre historien Ernest Lavisse tonnait contre un diplôme « qui encourage les mauvaises dispositions de notre caractère national ». Des chroniqueurs de la même époque regrettaient « l'excès de travail imposé par le baccalauréat à de malheureux élèves qui ne peuvent ainsi goûter aux plaisirs de leur âge ».

Le baccalauréat, qui sait troubler la sérénité de nombreuses familles à l'approche des beaux jours, représente tout (ou presque !) quand on ne l'a pas encore passé avec succès et plus grand-chose quand on l'a enfin en poche. L'époque où il constituait un véritable sésame est bien révolue ! Il présente néanmoins d'autres particularités riches de symboles. Le baccalauréat constitue désormais un rite de passage : l'épreuve de sortie de l'adolescence, l'adoubement du XXe siècle. Le dix-huitième anniversaire ne devient-il pas une étape capitale dans la vie des jeunes Français ? En quelques mois, ils deviennent bacheliers, majeurs, électeurs et conducteurs ! La vie les attend...

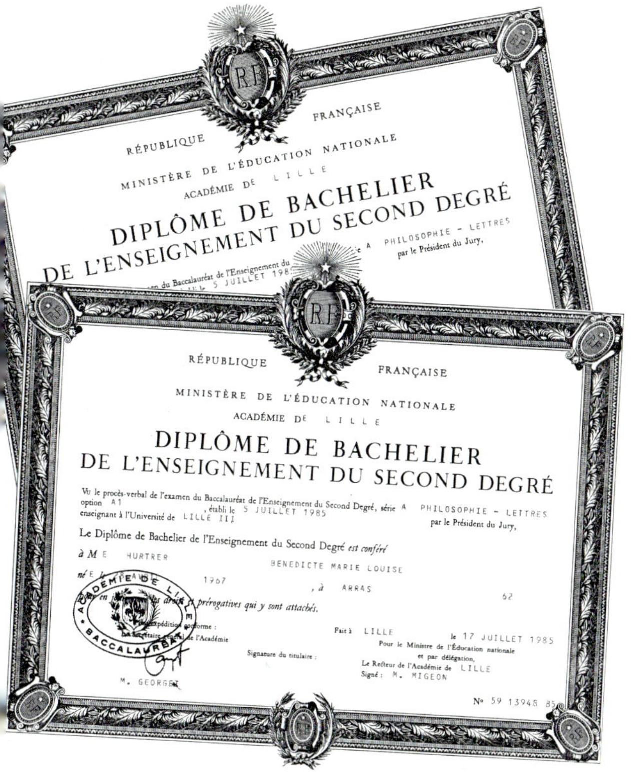
RÉPUBLIQUE FRANÇAISE
MINISTÈRE DE L'ÉDUCATION NATIONALE
ACADÉMIE DE LILLE
DIPLÔME DE BACHELIER DE L'ENSEIGNEMENT DU SECOND DEGRÉ
Vu le procès-verbal de l'examen du Baccalauréat de l'Enseignement du Second Degré, série A PHILOSOPHIE - LETTRES option A1 établi le 5 JUILLET 1985 par le Président du Jury, enseignant à l'Université de LILLE III
Le Diplôme de Bachelier de l'Enseignement du Second Degré *est conféré*
à M E HURTRER BENEDICTE MARIE LOUISE
né E ... 1967 , à ARRAS 62
... *droits et prérogatives qui y sont attachés.*
Pour expédition conforme : Le Secrétaire ... de l'Académie
Signature du titulaire :
Fait à LILLE le 17 JUILLET 1985
Pour le Ministre de l'Éducation nationale et par délégation, Le Recteur de l'Académie de LILLE
Signé : M. MIGEON
M. GEORGE
N° 59 13948 85

La Saint-Jean

Nombreux sont les « Saint-Jean » dans notre calendrier. Toutefois, en France, le plus populaire est, sans conteste, saint Jean-Baptiste, fils de Zacharie et d'Élisabeth.

Ce dernier prophète qui fait la liaison entre l'Ancien et le Nouveau Testament ne se nourrissait que de sauterelles et de miel sauvage. Il vivait sur les bords du Jourdain, où de très nombreuses personnes, bouleversées par son annonce de la proximité du royaume des cieux, venaient lui demander le baptême, coutume alors très répandue dans certains groupes religieux de Palestine. Son cousin Jésus-Christ, lui-même, vint le recevoir. Alors, l'Esprit saint descendit sur le fils de Dieu sous la forme d'une colombe, symbole chez les rabbins d'une communauté élue par Dieu. Jean-Baptiste, rassembleur de foules et innovateur imprévisible, gênait l'action du roi Hérode Antipas qui l'emprisonna. Il mourut décapité dans sa prison vers l'an 28. Depuis des temps immémoriaux, les hommes ont organisé des festivités aux origines mystiques et rituelles centrées sur le dispensateur d'incomparables bienfaits : le Soleil.

Le 21 juin, jour du solstice d'été, qui connaît la nuit la plus courte de l'année, était l'occasion, dès la très haute Antiquité, d'allumer des feux. À partir de cette date, les jours commencent à raccourcir et le Soleil perdant son emprise sur l'univers, ne serait-il pas déplacé de penser que nos lointains ancêtres tentaient magiquement de compenser cette déficience en organisant des cérémonies rituelles destinées à se concilier les faveurs du Soleil, source de bien-être et de chaleur indispensables à la vie ?

Ces feux étaient aussi investis de pouvoirs purificateurs, destructeurs de maléfices et de sortilèges.

Saint Jean-Baptiste, pierre, XIIe siècle, transept du porche nord, cathédrale de Chartres.

Les sorciers et les sorcières n'étaient-ils pas brûlés en place publique de préférence à tout autre moyen d'élimination physique ?
L'Église catholique a christianisé ces rites, en voyant dans ces feux le symbole de Jean-Baptiste qui était pour elle une « lampe ardente et brillante ». L'Écriture rapporte aussi ses paroles : « Il faut qu'il croisse et que je diminue » à l'image de la nuit, à la fin du mois de juin, ou de la graine qui meurt. Saint Jean-Baptiste est devenu le patron des bergers, des travailleurs du cuir et de bien des corps de métiers ruraux.
Quelles qu'en fussent les raisons originelles, les feux de la Saint-Jean sont l'occasion de réjouissances qui regroupent tout un village ou un quartier. On danse et on chante autour du feu, au son d'orchestres populaires ou d'instruments folkloriques. Ces lieux chaleureux d'un soir symbolisent peut-être la volonté d'union et de paix entre les hommes ?

Le feu de la Saint-Jean dans une vallée des Hautes-Pyrénées, 1884.

Paris avait aussi son bûcher, sur la place de Grève : bûcher très officiel au demeurant, puisque la charge de l'allumer revenait au roi lui-même. Louis XIV fut le dernier souverain à user de cette prérogative. Ce privilège fut par la suite attribué aux prévôts des marchands et aux échevins. La Révolution française entraîna la disparition de cette coutume.
Il était proposé aux époux, fiancés, ou amoureux de sauter par-dessus le feu encore allumé afin que leurs sentiments s'intensifient. Une fois éteint, le brasier conservait encore une grande importance. Les cendres et tisons avaient la faculté d'éloigner la foudre, de protéger le bétail, d'augmenter la montée du lait des vaches. Ils étaient aussi dispersés sur les champs afin d'accroître le potentiel : mais après tout, les cendres ne constituaient-elles pas un excellent engrais ? On leur prêtait aussi le pouvoir d'éviter le tarissement ou l'assèchement des sources, puits ou ruisseaux.
Dans la nuit du 24 juin, la fougère laisse tomber sa graine, qui devient invisible si on ne la recueille pas immédiatement. Elle avait, disait-on, le pouvoir d'assurer la chance au jeu et de découvrir des trésors cachés. À la Saint-Jean, il était aussi recommandé d'aller pieds nus, de bon matin, cueillir certaines herbes médicinales auxquelles on attribuait des vertus particulières : faciliter les accouchements, augmenter la virilité, chasser les démons, guérir les fièvres... Ne pensait-on pas aussi que de ramasser une coccinelle ce jour-là préservait des maux de dents et de tête ?

La première communion, vitrail, Vay (44).

De la communion à la profession de foi

Une des rares fois de l'année où l'église paroissiale est trop petite, c'est le jour de la « communion solennelle » : une vieille cérémonie chère au cœur des Français parce que chargée d'émotions et de souvenirs. Elle est aujourd'hui remise en cause dans de nombreuses paroisses.

Dès les premiers siècles chrétiens, la communion était au nombre des sacrements d'initiation chrétienne. À ce titre, elle suivait de peu le baptême. Au XIIe siècle, on considéra qu'il fallait avoir atteint « les années de discrétion », entre sept et seize ans, pour communier. Au début du XVIIIe siècle, l'institution par saint Jean Eudes, saint Louis Marie Grignion de Montfort et saint Vincent de Paul de la cérémonie qui nous est familière devait contribuer à combattre la déchristianisation des campagnes.

La première communion se généralisa dans les villes avant de se répandre dans les campagnes ; grâce à elle, l'alphabétisation dans les milieux populaires et ruraux se développa. Apprendre à lire et communier allaient de pair. Elle rencontra un remarquable succès, devint un pilier du catholicisme populaire et se répandit avec l'approbation du Saint-Siège dans la plupart des pays catholiques. L'apogée de la première communion se situe au XIXe siècle.

Précédé d'une retraite, le jour de la « communion », souvent présenté comme le plus beau jour de la vie, était l'aboutissement d'un cycle de catéchisme et l'occasion de rencontres familiales et festives.

Les aspects économiques de la fête étaient considérables. De nombreux corps de métier concouraient à sa réussite. La première communion était non seulement un rite religieux mais aussi social avec tout ce qui l'entoure : le repas, les cadeaux, l'accueil de l'enfant dans la communauté des grands. Les petites filles en blanc avec voile de tulle ou de mousseline, les jeunes garçons en complet ou costume marin avec brassard faisaient solennellement leur entrée dans l'église, jadis par ordre de mérite, tenant à la main un cierge allumé, symbole de foi et de pureté. Des cadeaux plus ou moins en rapport avec le sens profond de la cérémonie, mais souvent symboles d'autonomie, permettaient de concrétiser l'attachement des invités envers le héros du jour. Le décret pontifical « Quam Singulari » vint en 1910 troubler la tranquille sérénité qui enveloppait « la » communion. Pie X ne recommandait-il pas de faire communier les enfants bien avant douze ans, aussitôt que possible à partir de l'âge de raison ? Vers sept ou huit ans. Dès que le prêtre et les parents l'en jugeaient capable, l'enfant pouvait faire sa communion « privée ». La cérémonie qui avait lieu à douze ans devint la communion solennelle. Elle cessait ainsi d'être la première mais ne disparut pas pour autant. Sans aucun doute parce qu'elle marquait une étape importante dans la vie : le passage de l'enfance à l'adolescence, l'entrée dans le monde des adultes (nombre d'employeurs exigeaient jadis un certificat de communion). Un moment très fort. Une fête religieuse qui était un rite familial. Depuis une vingtaine d'années, la communion « solennelle » subit bien des évolutions. Renouvellement des promesses du baptême, profession solennelle de vie chrétienne, profession de foi, fête de la foi : toutes ces appellations pour la même fête témoignent bien de la recherche du sens profond de cette cérémonie intercalée entre la première communion et la confirmation, sacrement qui bénéficie de nos jours d'une juste revalorisation. Le vêtement spécifique a lui aussi changé quand il n'a pas disparu. Le port de l'aube blanche rappelant la pureté du baptême veut redonner tout son sens à la cérémonie de communion solennelle.

Au-delà de la terminologie, la profession de foi est une étape importante dans l'existence du jeune chrétien : le moment où il prend réellement à son compte les promesses de son baptême dans le cadre d'une communion solennisée.

Elle est un signe sur le chemin de sa vie chrétienne. Plutôt que de la relativiser, la transformer à l'excès ou la supprimer, ne convient-il pas de redonner sa réelle dimension à la communion, vieille institution chrétienne, festive, communautaire et rituelle ?

La commun
image
du commun
1910.

· Pentecôte.
·anuscrit
· Danemark.
·luminure
· XIe siècle.
·usée Condé.
·hantilly.

La Pentecôte

Jadis, « Pentecôte » désignait la période de cinquante jours qui commençait à Pâques. Depuis le IVe siècle, seul le dernier jour est ainsi nommé.
Le cinquantième jour après Pâques (Pentecôte en grec signifie cinquante), dix jours après l'Ascension, la fête de la Pentecôte commémore le don de l'Esprit saint aux Apôtres. Ils sont désormais investis d'une mission universelle. Les Actes des Apôtres rapportent : « Des langues leur apparaissent, comme du feu, qui, se déversant, se posèrent sur chacun d'eux. » Le feu n'est pas Dieu mais un symbole habituel par lequel il se manifeste. Authentifié par une foule de témoins venus à Jérusalem de toutes les nations pour célébrer la fête juive des semaines, anniversaire de la remise des tables de la Loi à Moïse sur le Sinaï, cet événement clôture le temps pascal.
Commencé le jour de l'Annonciation, au premier jour de la conception de Jésus-Christ avec comme événement culminant la naissance du Fils de Dieu, sa mort, sa résurrection et son ascension, l'action rédemptrice du Christ s'achève à la Pentecôte. L'objectif général de la Rédemption c'est l'Alliance nouvelle et définitive conclue entre Dieu et l'humanité dans son Fils Jésus-Christ. Lui qui est à la fois Dieu devant les hommes et homme devant Dieu noue cette alliance au point de la personnifier. Sa résurrection n'est pas seulement le retour de son corps à la vie, mais avant tout le triomphe de l'Esprit dans ce corps humain, fondant ainsi la transformation spirituelle de l'humanité. En envoyant l'Esprit saint à ses disciples, le Christ leur communique sa propre vie glorieuse. Le jour de la Pentecôte, il les rend responsables, porteurs de la vie divine dans le monde. En ce jour, l'Église célèbre sa naissance et prend conscience de son investiture missionnaire. Depuis la Pentecôte, elle est un peuple que l'Esprit organise et anime.

La Fête-Dieu

Instituée le Jeudi saint, pendant la Cène, la fête de l'Eucharistie est aussi connue sous le nom de « Fête-Dieu » ou « Fête du Saint-Sacrement ». Cette fête, appelée officiellement « Solennité du corps et du sang du Christ » a été célébrée pour la première fois à Liège en 1247, à l'initiative d'une sœur hospitalière, Julienne du Mont-Cornillon.
La bulle « Transiturus », promulguée le 11 août 1264 par le pape Urbain IV, institua officiellement cette fête. Sa célébration était fixée le jeudi après l'octave de Pentecôte. Dans les pays où ce jour n'est pas chômé, comme la France, elle est célébrée le dimanche suivant, soit le deuxième dimanche après la Pentecôte.
La Fête-Dieu s'est superposée à de populaires et antiques manifestations destinées à louer la nature, favoriser la fertilité et à s'assurer la bienveillance des puissances célestes sur les récoltes.
Si, aujourd'hui, elle connaît une certaine confidentialité, jadis, voire naguère, le Fête-Dieu déployait luxe et solennité dans les rues des villes et villages de France. Ces cérémonies fastueuses et populaires étaient aussi facteurs de cohésion sociale.
Au rythme des cantiques repris par la foule, la procession s'avançait solennellement sur d'éphémères tapis de pétales de roses ou de sciure colorée représentant des symboles religieux ou des figures géométriques qui recouvraient la chaussée. Les paroissiens avaient à cœur de décorer les façades de leurs maisons de bouquets, de guirlandes de fleurs et de draps blancs. Sous un dais richement brodé, un prêtre portait avec vénération un ostensoir renfermant le saint sacrement. Au passage de l'hostie consacrée, les fidèles s'agenouillaient ou se signaient. La procession faisait halte devant des reposoirs aménagés aux carrefours.

JUILLET

À la Saint-Thierry, aux champs jour et nuit.
Pour la Sainte-Berthe, se cueille l'amande verte,
si elle n'est pleine que de lait il faut laisser mûrir le blé.
Si le début juillet est pluvieux tout le reste du mois sera douteux.
Juillet sans orage, famine au village.
Avec Saint-Procule arrive la canicule.
Le jour de Sainte-Félicité se voit venir avec gaieté
car c'est le plus beau jour de l'été.
Juillet ensoleillé remplit cave et grenier.
Pluie à Sainte-Eugénie met le travailleur à la gêne,
mais si le soleil pompe de l'eau, c'est signe de huit jours chauds.
Année de groseilles, année de bouteilles.
S'il pleut à la Saint-Victor, la récolte ne sera pas d'or.
À la Sainte-Madeleine, il pleut souvent car elle vit son maître en pleurant.
Si Saint-Jacques est serein, l'hiver sera dur et chagrin.
Pluie à la Saint-Joachim, huit jours en panne.
Si le jour de Saint-Samson le pinson est aux buissons, tu peux,
bon vigneron, défoncer ton poinçon.
Mauvais temps le jour de la Sainte-Marthe n'est rien car il faut qu'il parte.
Ce que juillet et août n'ont pu, septembre ne le fera pas non plus.
Le jour de la Saint-Ignace, moissonnez quelque temps qu'il fasse.
Chaud juillet, sur frais juin, peu de blé mais bon vin.

L'arrosage, juillet, Grasset, Suisse, XIXe siècle.

Juillet

Dans le calendrier romain, juillet s'appelait quintilis. C'était alors en effet le cinquième mois. Marc-Antoine, cousin et lieutenant de Caius Julius Caesar, proposa de lui donner le nom de Julius, qui donnerait juillet en hommage au vainqueur de Vercingétorix.

La distribution des prix

Mai 1968 a bouleversé beaucoup d'institutions. La sacro-sainte distribution des prix, qui donnait autrefois le signal du départ en vacances, est à compter parmi les victimes de ce cataclysme sociologique. Cette vieille cérémonie rituelle est née au Moyen Âge. À cette époque, on ne distribue évidemment pas des livres mais des places d'honneur pour la Sainte Messe ou des objets scolaires, à des dates variables. À la Renaissance, la distribution des prix sera fixée à la Saint-Louis. Le 25 août coïncidant avec le début des vacances, ce sera l'occasion de faire le bilan de l'année scolaire et de se livrer à des joutes oratoires. Les rhétoriciens les plus éloquents se voyaient remettre des distinctions. Au XVIIIe siècle, les grands établissements d'enseignement sont aux mains des membres de la Compagnie de Jésus dont la réputation n'est déjà plus à faire. Ce sont eux qui, les premiers, auront l'idée de remettre des livres aux élèves les plus méritants, lors de cérémonies imposantes auxquelles sont invités les parents.

Traversant tous les régimes, la distribution des prix va connaître son apothéose sous la IIIe République. À partir de 1882, avec la gratuité et l'obligation scolaire, cette cérémonie qui est tout à la fois le dernier acte officiel et le sommet de l'année scolaire, se généralise. À la veille du 14 juillet, dans une salle décorée de drapeaux tricolores, précédée de lénifiants discours exhortant les mérites du travail ou de quelque gloire locale, la lecture solennelle du palmarès devant un parterre d'autorités civiles, militaires et universitaires, ne manquait pas de grandeur. Les heureux lauréats repartaient la tête haute, les bras chargés de livres, devant leurs professeurs en toge, sous les applaudissements de l'assistance et les regards satisfaits de leurs parents. Accessits, prix d'honneur, prix d'excellence ne faisaient pas rêver que les jeunes élèves. L'honneur de la réussite rejaillissait sur toute la famille.

Un dictionnaire de pédagogie publié à la fin du XIXe siècle sous la direction de Ferdinant Buisson, maître à penser des pédagogues de la IIIe République, vantait la distribution des prix qui était parée de toutes les vertus. Ne permettait-elle pas de « répandre des biographies inspirant l'amour de la patrie » et « d'exciter au travail les élèves qui annoncent du talent en vue des carrières libérales ou des fonctions publiques » ?

À une époque que d'aucuns ont baptisée la « République des professeurs », obsédée par la défaite de 1871 face à la Prusse, les cérémonies officielles de distribution des prix étaient l'occasion de célébrer, dans un même élan, les vertus du travail et de l'amour de la patrie.

rtifice
illumination
lace Louis-XV
sion
aix
dédicace
tatue équestre
22 juin 1763.
hèque
senal.

Les feux d'artifice

C'est le 14 Juillet ! Dans l'arsenal des festivités de la Fête nationale, à côté des défilés militaires et des bals populaires, les feux d'artifice réjouissent petits et grands.

L'homme, de tout temps, a été attiré par l'image du feu, de l'incendie. L'effet lumineux qui accompagnait l'envoi des boulets exerçait une fascination certaine. D'une utilisation militaire de la poudre, on est passé à une utilisation pacifique et ludique. C'est au XVIe siècle qu'il est fait mention pour la première fois, dans un ouvrage italien consacré à la guerre, de l'art de tirer une sorte de feu que l'on peut considérer comme l'ancêtre des feux d'artifice. En France, le premier grand feu d'artifice a été donné à Paris, place des Vosges, le 7 avril 1612, à l'occasion du mariage de Louis XIII et d'Anne d'Autriche. Rapidement, la vogue des feux d'artifice va gagner toute l'Europe et la célébration d'aucun grand événement ne saurait se passer de tels spectacles. Les feux d'artifice bénéficieront au XVIIIe siècle des progrès de la chimie. L'adjonction de limaille de fer permettra d'obtenir des effets rougeoyants qui colorient. Claude-Fortuné Ruggieri, sous l'Empire, mettra au point, grâce à l'adjonction de différents métaux, des feux d'artifice réellement en couleurs. Depuis Louis XV, le nom de la famille Ruggieri est indissolublement lié à l'histoire du feu d'artifice. Les cinq frères venus d'Italie s'installèrent à Paris vers 1730 comme artificiers et fondèrent une véritable dynastie. Rapidement, ils se mirent à travailler pour la comédie italienne et participèrent à des feux royaux. Leurs descendants continuèrent la tradition en faisant preuve d'ingéniosité et d'esprit créateur. Sous la Révolution, peu de feux d'artifice furent tirés. Celui commémorant la prise de la Bastille, le 14 juillet 1792, est cependant resté dans les mémoires. Napoléon renoua avec la tradition monarchique, n'hésitant pas à être parfois le sujet du spectacle. De grands feux d'artifice marquaient chaque année : son mariage, son sacre, son anniversaire, la naissance du roi de Rome, ses grandes victoires militaires… Napoléon III dans ce domaine, comme dans tant d'autres, poursuivit la tradition de son aïeul.

Feu d'artifice du 10 juin 1810 sur le quai Napoléon.

La pyrotechnie est devenue une science. La recherche y tient une place importante, mais elle reste aussi un art. Des grands feux d'artifice tirés aux U.S.A. en témoignent. Deux sont particulièrement restés célèbres : l'un en 1976, tiré d'un hélicoptère dans le ciel de New York pour le bicentenaire de l'Indépendance (il représentait le drapeau américain) ; l'autre, tiré en 1986 pour le centenaire de la statue de la Liberté.

Une épreuve sportive exceptionnelle : le Tour de France

Le Tour de Franc affiche, 1952.

En 1839, un forgeron écossais, Kirkpatrick Macmillan, construisit le premier vélocipède que l'on pouvait faire avancer sans poser les pieds au sol. Pierre et Ernest Michaux réalisent, en 1861, les premières pédales. Quelques années plus tard, l'Écossais Dunlop invente les pneumatiques et les frères Michelin mettent au point des pneus démontables. Ainsi naquirent progressivement, au XIXe siècle, la bicyclette et, presque en même temps, le sport cycliste.

Quelle autre épreuve que le Tour de France peut mieux symboliser ce sport populaire qui mobilise des foules de champions, d'amateurs et de sportifs par procuration ? Le préfet Lépine ayant interdit les courses cyclistes dans le département de la Seine, c'est devant l'auberge « Au réveille-matin », à Villeneuve-Saint-Georges, le 1er juillet 1903 à 15 h 16 que fut donné le départ du premier Tour de France. Le créateur de cette épreuve cycliste, unique au monde, est Henri Desgranges, rédacteur en chef de « L'Auto », journal aux pages de couleur jaune lancé par des mécènes antidreyfusards pour déstabiliser « Le Vélo », auquel certains reprochaient ses prises de position trop favorables au capitaine Dreyfus.

Après un long, fastidieux et minutieux travail de préparation auquel le marquis de Dion apporta son appui tant moral que financier, soixante coureurs purent prendre le départ de ce Tour, long de 2 248 kilomètres. Le premier engagé, Maurice Garin, surnommé « le petit ramoneur », à cause du métier qu'il exerça dans son enfance, fut aussi le premier vainqueur du Tour de France en 94 heures 32 minutes et 2 heures 29 minutes d'avance au classement général sur Pothier. Le coureur, de petite taille, à l'œil rusé et à l'épaisse moustache, avait perdu 2 kilos et demi, gagné 6 000 francs et venait d'entrer le premier dans la prodigieuse légende du Tour de France. À son arrivée, il déclara : « Nous sommes de rudes gaillards et il ne doit pas y en avoir treize à la douzaine de notre trempe à nous. »

Pour ses organisateurs, cette épreuve sportive n'avait d'autres ambitions que de distraire le public ; c'était l'occasion originale, mais efficace, de célébrer le culte de l'effort, du surhumain, du dépassement de soi-même. La revanche sur l'Allemagne occupait les esprits. Lors du départ du premier Tour de France, Henri Desgranges évoque en ces termes cette épreuve exceptionnelle : « Avec le geste large et puissant qu'Émile Zola prête à son laboureur dans « La Terre », « L'Auto », journal d'idées et d'actions lance aujourd'hui, à travers la France, les inconscients et rudes semeurs d'énergie que sont les

grands routiers professionnels. » Le Tour de France connaîtra, au cours de son histoire, bien des aventures, bien des péripéties.
En 1904, l'ordre ayant dû trop souvent être rétabli à coups de pistolet, Henri Desgranges craint de devoir annoncer la fin de l'épreuve. En fait, seules les guerres l'empêcheront de se dérouler normalement. La grande boucle aux étapes imprécises et aux horaires libres est devenue, de nos jours, une formidable entreprise ambulante.
Plusieurs fois, le départ a été donné de l'étranger et on ne compte plus les escapades plus ou moins longues dans les pays frontaliers ! La mondialisation est en place.
Quatre coureurs seulement ont gagné cinq fois le Tour de France : Jacques Anquetil, Eddy Merckx, Bernard Hinault, Miguel Indurain.
Trois coureurs ont gagné trois fois l'épreuve : Louison Bobet, Thys, Greg Lemond.
Outre ces vedettes, le peloton, dans son ensemble, soulève l'enthousiasme des spectateurs qui, par tous les temps, viennent encourager, soutenir, acclamer les chevaliers de la petite reine dans l'épreuve royale du cyclisme international. Même le petit écran n'a pas entraîné la disparition des haies d'honneur du public tout au long des étapes. L'image télévisée ne le sature pas mais au contraire l'incite. Le Tour appelle l'emphase ; les coureurs donnent dans l'imaginaire de tout un chacun. Le Tour de France, c'est avant tout une belle et longue idylle entre les Français et une vieille dame nonagénaire qui a déjà séduit successivement quatre générations et a le pouvoir de conserver les amoureux de tous âges ! Depuis plusieurs années, la dernière étape du Tour de France se termine en apothéose sur la plus belle avenue du monde, les Champs-Élysées ! Quel symbole !

Armoiries républicaines, 1880.

14 Juillet !

Notre drapeau tricolore, symbole de l'union de la royauté au peuple de Paris, flotte sur tous les édifices publics. Bals populaires, flonflons, défilés militaires et feux d'artifice animent la capitale, comme les plus modestes communes françaises. C'est la Fête nationale ! Les défilés d'antan avec zouaves, spahis, tirailleurs sénégalais et surprenantes mascottes ont cédé la place aux engins blindés et missiles nucléaires. Progrès oblige ! C'est cependant la même ferveur et la même allégresse populaire qui envahissent tous les Français.
Mais quel 14 juillet commémorent-ils ? Juillet 1789 ou 1790 ? La prise de la Bastille, forteresse flanquée de huit tours et fermée par un pont-levis, construite sous Charles V et devenue prison d'État sous Richelieu, symbole de l'arbitraire royal, à une époque où Louis XVI porte sa couronne comme un fardeau ? La fête de la Fédération réunissant à Paris les délégués de toutes les gardes nationales de France à l'occasion du premier anniversaire de la Bastille ? Sur proposition de Benjamin Raspail, le président Jules Grévy promulgua en 1880 un décret instituant la Fête nationale. Elle ne fait pas référence explicitement à l'une ou l'autre de ces deux dates. Il semblerait cependant que la troisième République ait voulu, fort prudemment quatre-vingt-dix ans après l'événement, célébrer le 14 juillet 1790, symbole de l'unité nationale. Ce jour-là, au Champ-de-Mars, aménagé en vaste amphithéâtre, une foule de Parisiens volontaires et enthousiastes était regroupée malgré le mauvais temps.
Talleyrand célébra la messe sur l'autel de la Patrie. Ensuite, La Fayette, au nom de tous les fédérés, prêta le serment de fidélité à la nation, à la loi et au roi, serment répété par 14 000 délégués venus de toute la France.

AOÛT

Quand il pleut le 1er août, c'est signe qu'il n'y aura pas de regain.
Le temps qu'il fait le trois, il le fait le mois.
À la Saint-Dominique, ne te plains pas si le soleil te pique.
Tonnerre au mois d'août, abondance de grappes et de bon moût.
Août mûrit les fruits, septembre les cueille.
Saint-Laurent partage l'été par le milieu.
À la Sainte-Claire, s'il éclaire et tonne, c'est l'annonce d'un bel automne.
S'il pleut pour Sainte-Radegonde, misère abonde sur le monde.
Au 15 août, le coucou perd son chant. C'est la caille qui le prend.
Après le 15 août, lève la pierre ; la fraîcheur est dessous.
Vigneron qui prie Sainte-Hélène ne perd pas sa peine.
Quand il pleut en août les truffes sont au bout.
Si lune de Saint-Louis se fait en beau, sois réjoui.
Pluie fine à Saint-Augustin, c'est comme s'il pleuvait du vin.
Au mois d'août le vent est fou.
Août couve, septembre fait naître.
Marie des neiges pluvieux, hiver humide et neigeux.
Marie qui peut tout, arrange ou défait tout.
S'il pleut à la Saint-Laurent la pluie arrive à temps ;
s'il pleut à l'Assomption, c'est encore tout bon ;
mais à la Saint-Barthélemy tout le monde en fait fi.
En août sec, gros nuage en l'air : c'est la neige pour l'hiver.
La Saint-Laurent mouillée, l'automne est au bout de l'allée.
Pluie à la Saint-Barthélemy, de la vigne est l'ennemie.

Le Morvan
affiche de la SNCF.

Août

Cinquante ans après la mort de César, le nouvel empereur romain Auguste voulut à son tour laisser son nom à un mois du calendrier. Aussi débaptisa-t-il le sixième mois, sextilis, qui prit le nom de Augustus, c'est-à-dire août. Mais comme les nombres impairs étaient favorables et qu'en aucun cas le mois d'Auguste ne pouvait avoir moins de jours que celui de Jules César, août prit trente et un jours. Voilà pourquoi juillet et août sont les deux seuls mois de trente et un jours qui se suivent.

C'est l'époque des moissons. À Rome on célébrait sa déesse : Cérès, fille de Saturne et de Cybèle. De nos jours, août est par excellence un mois estival, synonyme de vacances, de détente, d'affranchissement, de liberté.

Vacances : un mot magique

Attendue pendant des semaines, des mois même, peut-être, la perspective des vacances est toujours stimulante. La grande migration habituelle, particulièrement attendue par tous ceux pour qui épanouissement et travail ne vont pas de pair, constitue une véritable oasis dans l'agitation quotidienne. Au fil du temps elle évolue. Elle est loin l'époque où le mot « vacances » signifiait seulement « absence d'occupation » ! Désormais, aménagées, étalées, fractionnées, programmées, libérées, décontractées, les vacances sont plus l'occasion d'un changement d'activité que d'un repos passif. On « fait » de moins en moins souvent l'Écosse, la côte adriatique ou le Népal comme d'autres font leurs devoirs ou une mauvaise grippe ! Et d'ailleurs, même si l'on ne va pas au bout du monde, même si l'on ne quitte pas son village ou son quartier, ne peut-on pas se mettre en vacance de quotidien ? Le temps des vacances est avant tout un moment privilégié pour développer ses facultés, laisser libre cours à son imagination, mieux saisir la vie, resserrer les liens familiaux, susciter la joie, bref, trouver un nouvel équilibre.

Attention aux mirages de l'ailleurs, caricaturaux et simplistes. Combien croient rompre les amarres en changeant de voisinage ou d'activité, alors que le véritable changement s'opère au fond de chacun de soi !

Les bains de mer

Les vacances. Un mot porteur d'espoir et d'infini. L'été, les plages offrent un spectacle vivant et coloré. Elles se couvrent d'hommes et de femmes à la recherche des bienfaits de la nature, pendant que sur l'eau les jeux sont nombreux et variés, parfois presque acrobatiques. La mer est devenue l'espace privilégié de la détente et de la liberté corporelle. Longtemps pourtant, elle est restée ignorée, même des autochtones qui en connaissaient surtout les méfaits et les dangers.

À Rome et à Athènes, les vertus thérapeutiques des bains de mer étaient bien connues. Elles furent presque totalement oubliées. Le dictionnaire de l'Académie française donne en 1718 cet exemple restrictif au mot « baigner » : « Ceux qui sont mordus par les chiens enragés seront baignés à la mer. » À la fin du XVIIe siècle, venu de Grande-Bretagne, l'usage des bains de mer commence à s'introduire en France. À Boulogne, s'est ouvert juste avant la Révolution le premier établissement balnéaire.

Le XIXe siècle a été la grande époque de la thérapeutique des bains de mer. La médecine leur prêtait des vertus universelles. Un traité d'hygiène

L'heure du bain sur une plage à la mode, dessin de J. Simont.

précise que la mer convient « aux personnes d'une constitution pituiteuse dont la fibre est molle, inerte et imbibée d'une sérosité surabondante ; elle est utile à tous ceux affectés de cachexie humide, d'humeurs froides... ».

Les médecins préconisaient aux enfants de ne pas rester plus de 2 à 3 minutes dans le bain, et aux femmes plus de 4 ou 5 minutes. Les hommes, « eu égard à leur obtusité nerveuse », pouvaient séjourner dans l'eau jusqu'à 8, voire exceptionnellement 12 minutes. Le baigneur était attaché à une corde et devait veiller à prendre correctement la lame de la vague, seule façon de guérir. Il était formellement déconseillé par le corps médical de s'asseoir par tous les temps et à toute heure face à la mer. On risquait de graves accidents de santé !

La duchesse de Berry, belle-fille du dernier roi de France, Charles X, lança la mode des bains de mer. Elle vint très régulièrement à Dieppe de 1824 à la fin de la Restauration.

Rapidement, grâce à l'arrivée du chemin de fer, les stations balnéaires se développent sur le littoral de la Manche puis sur la côte Ouest. Non seulement les congés furent un immense progrès social, mais ils entraînèrent aussi une révolution profonde dans les mœurs. Avec eux, le tourisme populaire connut un essor considérable. 1936 sera un tournant déterminant dans le développement et la popularisation du tourisme balnéaire. Les costumes de bain se composaient autrefois, pour les femmes, d'une robe ou d'une tunique boutonnée et

d'un pantalon couvrant le genou ; pour les hommes, d'un caleçon long en tricot. Attention au soleil ! Les femmes s'appliquent alors à être pâles, diaphanes, et prennent toutes les mesures pour éviter le bronzage si redoutable.

À la plage, elles s'occupent à broder, tapisser, tricoter... Pour garantir la tranquillité publique, de très stricts arrêtés municipaux réglementaient les bains de mer. En 1837, on précisait à Granville, dans la Manche, que les hommes devaient être habillés d'un caleçon en tricot. Une cabane était mise à leur disposition pour s'y déshabiller et s'y habiller. Les hommes n'ont pas le droit « de se promener ou de stationner sur la grève réservée aux femmes lorsque celles-ci se baignent » ; une dérogation est accordée aux seuls médecins. Dans certaines stations, on compartimente les plages afin que baigneurs et baigneuses ne risquent pas de cohabiter. Partout « l'intérêt des bonnes mœurs exige que les règles de la décence soient rigoureusement observées par les baigneurs ». À l'heure du Bikini, voire du monokini, le mot décence n'a sans doute pas la même signification.

Les colonies de vacances

Les colonies de vacances ont, elles aussi, bien évolué. La chanson de Pierre Perret « Les jolies colonies de vacances » serait-elle démodée ? On serait tenté de le penser en comparant certains chiffres : sur 1 000 jeunes de quatre à dix-huit ans, 117 partaient en groupe en 1958, 89 en 1985. Ce reflux qui ne fait que s'accentuer est révélateur d'une évolution de la société. C'est vers 1880, à l'heure de l'industrialisation, qu'il parut indispensable de mettre au vert les petits citadins. Des œuvres charitables se chargèrent d'envoyer à l'air pur « ces fleurs pâles et frêles qui croissent entre les pavés » !

À l'heure des camps itinérants, équestres ou marins, des colonies vidéo ou informatique, cet extrait du règlement d'une colonie de vacances parisienne de 1887 permet de prendre conscience du chemin parcouru : « On se lève de bonne heure, plus tôt qu'à Paris. Chaque colon commence par faire son lit. S'il ne s'y entend pas, s'il est trop petit, on l'y aidera. Chaque colon nettoie ses chaussures, et brosse ses habits... Cela fait, on procède à la toilette, et tout le corps est savonné à grande eau. Ce lavage complet de chaque jour a une vertu des plus salutaires et des plus connues. Quelques bains de rivière, très courts, dans les jours les plus chauds, ne seront pas inutiles : mais on devine de quelles précautions ils devront être accompagnés... Les insolations, jusqu'à la fin août, ne laisseront pas de préoccuper le maître, ainsi que le refroidissement au retour des courses échauffantes. L'abus de fruits, surtout l'abus clandestin, sera surveillé, ainsi que l'abus de l'eau en marche... Les jours de pluie, on saura occuper les enfants : outre les jeux, les chants, les danses communes aux deux sexes, les filles auront les travaux d'aiguille, le raccommodage ; les garçons, des besognes rustiques, toujours aisées à trouver et la gymnastique... Mais l'arriéré du journal à remplir ne sera pas la moindre ressource des journées humides. » Autres temps, autres mœurs !

L'Assomption

Au cœur de la grande rupture estivale, la célébration de l'Assomption est une fête mariale, restée très populaire malgré toutes les crises religieuses. Elle commémore la montée au ciel de la Vierge Marie.

La mère du Christ a été préservée du péché originel et de ses conséquences. Elle échappa à la corruption du tombeau. La jeune juive de Nazareth, fille d'Anne et de Joachim, épouse de Joseph de la descendance de David, est passée dans son assomption de la vie terrestre au ciel. Ce mystère est à rapprocher mais aussi à différencier de l'Ascension. Ce jour-là, le Seigneur est monté au ciel par les seules forces de sa nature divine tandis que la Vierge Marie, elle, « a été élevée en corps et en âme à la gloire du Ciel, au terme de sa vie terrestre » comme l'a solennellement et tardivement proclamé Pie XII, le 1er novembre 1950. Après un XIXe siècle très marial, la bulle « Munificentissimus Dominus » n'hésite pas à transformer en dogme ce qui n'était qu'une pieuse tradition.

En effet, bien que les Évangiles et le Nouveau Testament ne précisent pas la façon dont la mère de Jésus acheva sa vie terrestre, le concile d'Éphèse, dès 431, officialisa la conviction ancestrale que Jésus, vainqueur de la mort, avait ressuscité le corps de sa mère. Elle fut introduite dans la liturgie romaine dans la première moitié du VIe siècle. On la trouve, pour la première fois, dans la liste des Évangiles de Wurzbourg sous le nom de « Natale », indiquant par là la naissance de la Vierge Marie à la vie céleste. Rapidement, le terme « Natale » a été remplacé par celui d'« Assomption ». Ce dernier ne désigne pas seulement le fait que l'Église a défini comme dogme de foi l'élévation corporelle de la Vierge au ciel, mais il résume tout le mystère des bienfaits que Dieu a prodigués à son humble servante. Le culte marial, resté très vivant dans toute la France, donne lieu à de nombreuses et ferventes processions. Cette tradition remonte à 1638 où le roi Louis XIII consacra le royaume de France à la Vierge pour la remercier d'avoir rendu mère son épouse, Anne d'Autriche, après vingt-deux ans d'une union stérile. Le futur Louis XIV naquit le 5 septembre de la même année. Les processions furent alors rendues obligatoires le 15 août. En ce jour férié, les

Immaculée Conception, d'Aramfaez, Madrid.

Le bain de la Grenouillère à l'île de Choissy, 1876.

manifestations en l'honneur de la Vierge regroupent toujours des foules priantes et nombreuses dans les villages, les villes et les ports où l'on bénit les bateaux placés sous la protection de la Vierge. À Lourdes, la procession du soir autour de la basilique y revêt des allures impressionnantes et émouvantes.

30 août : saint Fiacre, patron des jardiniers

Saint Fiacre, fêté le 30 août, est le patron des jardiniers, des horticulteurs, des maraîchers et des fleuristes. Cherchant la paix et la solitude, il quitta son Irlande natale et s'installa en Brie dans le diocèse de Meaux où il aménagea un ermitage en l'honneur de la Vierge. Sa vie était si édifiante que des foules de plus en plus nombreuses accouraient vers lui. L'évêque de Meaux lui accorda tout l'espace qu'il pût, en un jour, entourer d'un fossé. Saint Fiacre se mit ardemment au travail mais la terre alors se creusa d'elle-même, arbres et buissons se déracinaient tout seuls. Cette terre fertile prodigua d'abondantes moissons qui nourrirent une foule de pauvres. On cria au miracle !

Conseils à un baigneur

« ... Le bain de mer proprement dit est une grosse affaire pour le débutant, surtout quand il n'a pas l'habitude de la natation. Il n'y a cependant pas de danger aux endroits spéciaux, particulièrement à marée montante ; mais celui qui aborde pour la première fois la mer éprouve, en face de la vague, une espèce d'inquiétude qui peut facilement le faire reculer. Il est donc bon de ne pas débuter par une mer trop agitée. Quand les vagues sont fortes, il faut avoir soin d'y tourner le dos, pour ne pas être culbuté. Si elles sont faibles ou font défaut, on peut se faire donner des douches, c'est-à-dire se faire jeter de l'eau avec un baquet. L'essentiel est, en tout cas, de se mouiller le plus tôt possible le haut du corps et, pour cela, d'entrer vivement dans l'eau, de s'y plonger s'il n'y a pas d'abord assez de profondeur... »
(Guide Baedeker, Nord-Ouest de la France, 1898)

SEPTEMBRE

En septembre, se coupe ce qui se pend.
En septembre, si trois jours il tonne, c'est un nouveau bail pour l'automne.
Bel automne vient plus souvent que beau printemps.
À la Saint-Onésiphore, la sève s'endort.
Le 7 septembre, sème ton blé car ce jour vaut du fumier.
S'il tonne encore en septembre, à Noël la neige sera haute.
Si juin fait la quantité, septembre fait la qualité.
Ce que le mois d'août n'a pas mûri, ce n'est pas septembre qui le fera.
Un beau Saint-Valérien amène abondance de biens.
Si beaucoup d'étoiles filent en septembre,
les tonneaux seront trop petits en novembre.
Quand vient Saint-Matthieu, adieu l'été.
Sème ton blé à la Saint-Maurice, tu en auras à ton caprice.
Automne en fleur, hiver plein de rigueur.
À la Saint-Firmin, l'hiver est en chemin.
Quand le vent est au nord le jour de la Saint-Michel,
le mois d'octobre est au sec.
À la Saint-Jérôme, prends tes mancherons et suis ta charrue.
À la Saint-Hyacinthe, on peut tout semer sans crainte.
Gelée blanche de Saint-Eustache grossit les raisins mais qui n'a pas semé
à la Sainte-Croix, au lieu d'une graine en mettra trois.
À la Sainte-Justine, toutes les fleurs s'inclinent.

Septembre

Neuvième mois de notre calendrier grégorien, mais septième de l'année romaine, d'où son nom, septembre était pour les Gaulois un mois saint.

C'est la rentrée

« Bientôt nous plongerons dans les froides ténèbres
Adieu, vive clarté de nos étés trop courts. »
Baudelaire ne s'y trompe pas. Les maisons de vacances ferment leurs volets. Planches à voiles, bateaux et salons de jardin sont remisés. Demain les joies estivales ne seront plus que d'agréables souvenirs. Dans peu de temps viendra la chute des feuilles. Bientôt, les brumes de l'automne ne tarderont pas à nimber nos paysages. Des jours plus rigoureux, plus difficiles nous attendent.

La magie des grandes vacances, comme chaque année, avait su redistribuer les cartes du temps. Au lieu de nous harceler, de nous obséder, le temps était redevenu pour quelques trop courtes semaines notre serviteur. Va-t-il redevenir notre maître ? « Déjà ! Enfin ! Encore ! »
La rentrée a souvent un goût amer. Elle appelle l'automne, le déclin des jours, la routine ou l'agitation quotidienne, la marée d'équinoxe qui ramène les tempêtes. Faudrait-il inéluctablement céder au spleen après l'intermède estival ? On dirait presque déjà l'automne. Certains arbres le laisseraient croire facilement. Le temps des vacances n'est plus que nostalgie. Attendues depuis des mois, elles laissent derrière elles, visages, voyages, paysages, souvenirs qui nous aideront à vivre demain.
Rentrer, c'est retrouver les siens, son quartier, son travail, son école, son collège, des visages familiers. Mais en septembre, plus rien n'est tout à fait comme en juin. Grâce à l'enrichissement des vacances, nous ne pouvons que jeter un regard renouvelé sur notre environnement. Plus que le premier janvier, septembre marque le réel commencement de l'année, le signe de la véritable reprise, du véritable re-départ des activités avec son cortège de bonnes intentions, de souhaits plus ou moins utopiques, et de rêves. Ne ratons pas le départ. Au confluent des regrets et des promesses, septembre marque le début d'une nouvelle année. Toute neuve, riche d'espérance. C'est une réalité vivante qui nous est donnée à construire chaque jour. « Demain sera nouveau et dépendra de nous. Il est moins à découvrir qu'à inventer. » Cette conviction de Gaston Berger est une invitation à regarder avec confiance l'avenir, sans nous laisser envahir par les déceptions du passé. Profitons-en pour ne pas retomber dans l'ornière des vieilles routines. La rentrée ne saurait être qu'amertume. Elle est synonyme de nouveautés, de découvertes, de changements, sans doute exigeants mais certainement très stimulants. En septembre, on tourne une nouvelle page dans le grand cahier de l'année. Les écoliers, mieux

que quiconque, savent sentir et apprécier toute la subtilité des arômes exhalés par le neuf : livres, carnets, cartables, trousses, crayons, gommes sont à la rentrée de véritables talismans. Sachons nous en souvenir toute l'année. Quel que soit notre âge, ne sommes-nous pas d'éternels écoliers à l'école du monde ?

aises.
inture.
guste Renoir.

Le temps des confitures

La fin de l'été est l'époque de la récolte des fruits et des vendanges. Dans le calendrier républicain, Fabre d'Églantine l'a souligné en baptisant la période allant du 18 août au 17 septembre « fructidor » et la suivante « vendémiaire ».

Les fruits en abondance peuvent faire d'excellentes confitures qui vous rappelleront, cet hiver, les vacances. Un décret du 23 septembre 1925 stipule que la confiture est « un produit constitué uniquement de sucre raffiné ou cristallisé et de fruits frais ou de jus de fruits frais ou conservés autrement que par dessiccation ». Ne confondons donc pas la confiture avec la marmelade qui est une purée, avec la gelée qui est le jus de fruit coagulé ou avec la compote qui est faite de fruits peu cuits et peu sucrés.

Savoir conserver les aliments a toujours été un des grands soucis de l'homme. Afin de pouvoir se libérer de la chasse ou de la cueillette quotidienne et de faire face aux longs hivers générateurs de disettes, il a rapidement cherché les moyens de conserver les aliments en les séchant, les salant, les fumant, les mettant à l'abri de l'air ou en les cuisant. La première recette de confiture connue se trouve dans l'« Histoire naturelle » de Pline, écrite au milieu du Ier siècle de notre ère.

Au XVIe siècle, Michel de Nostre-Dame, dit Nostradamus, plus connu pour ses prophéties, s'intéressa aussi à la cuisine. Il écrivit « La manière de faire toutes confitures liquides tant en sucre, miel qu'en vin cuit ».

Le XIXe siècle passe pour être l'âge d'or de la confiture. C'est sans doute parce que, au moment où la vie rurale domine encore et où les vergers domestiques sont nombreux, le sucre devient un produit de consommation courante. Si au XVIIIe siècle, Colbert favorise l'implantation de raffineries dans les grands ports français, le sucre reste encore une « épice » d'un prix prohibitif. Ce n'est qu'au XIXe siècle, sous l'impulsion de Napoléon Ier, que l'industrie de la betterave va se développer, concurrencer le sucre de canne et favoriser le développement de la confiture. Avant l'apparition du sucre, sa fabrication était sommaire. On procédait par chauffage et évaporation, ce qui donnait plutôt un concentré de fruits pâteux. Le sucre, devenu un produit de consommation courante, va faciliter la fabrication des confitures en les améliorant.

Sortez bassine, écumoire, louche, dénoyauteur, tamis, cuiller de bois et autres instruments... Cueillez vos fruits et mettez-vous au travail ! Après la cuisson qui aura retenu toute votre attention si, lorsque vous laissez tomber quelques gouttes de confiture sur le bord d'une assiette elle ne coule pas, vous pouvez envisager la mise en pots. C'est une opération délicate qui exige soin et minutie. La confiture versée tiède dans les pots préalablement chauffés doit reposer jusqu'au lendemain. Alors, vous les recouvrirez de Cellophane ou d'une pellicule de paraffine avant de les entreposer dans un endroit sec.

Tout l'hiver, vous ne regretterez pas ces après-midi de la fin de l'été passés dans votre cuisine. Le petit déjeuner, le goûter, seront pour toute la famille autant d'occasions gourmandes de se retrouver autour de vos pots de confiture maison, toute d'instinct et de traditions. Faire des confitures vous apporte les joies de la création et le bonheur d'offrir ce qui est fait par soi-même. C'est renouer avec un art de vivre, une époque où l'on avait le temps de prendre son... temps !

L'automne,
H. de la Nezière.

Septembre

« Le plus beau moment pour voir la Bretagne est le mois de septembre : l'automne commence : les ormeaux au feuillage velouté, les chênes et les hêtres prennent des teintes plus sombres, et leurs feuilles se nuancent de belles couleurs jaunes et rouges ; les fougères sèches se mêlent aux ajoncs toujours en fleur, et, vers la fin du jour, les grands arbres des montagnes se baignent dans des lointains violets. Vers la fin de septembre, deux voyageurs, dont l'un écrit ces lignes, avaient entrepris une tournée en Bretagne. Tous deux fouillant le passé et cherchant dans les châteaux en ruines des enseignements pour l'avenir. »

Gérard de Nerval
in « Le Marquis de Fayolle ».

La Saint-Michel

À l'équinoxe de printemps qui coïncide presque avec Pâques, la nature engourdie par l'hiver se réveille. Tout est promesse. À la Saint-Michel, équinoxe d'automne, c'est l'heure du bilan. Les prémices de l'endormissement de la nature sont incontournables. Le 29 septembre est un jour important dans l'ouest de la France ; c'est la date de départ de la plupart des baux agricoles. Il marque aussi habituellement le retour fugitif du beau temps sous le nom d'« été de la Saint-Michel ». Pour les Nord-Américains, il s'agit de l'« été indien ».

Grand personnage de l'Ancien et du Nouveau Testament, l'archange saint Michel, chef de la milice céleste qui apparut à Moïse dans le buisson ardent et à Josué près de Jéricho, est fêté le 29 septembre, avec deux de ses éminents compagnons des chœurs célestes : Gabriel et Raphaël. L'Apocalypse conte son terrible combat contre le dragon à sept têtes et dix cornes dont la queue balayait les étoiles ! Saint Michel est le patron des métiers d'armes, des fabricants de balances et des pâtissiers. Il est aussi invoqué pour la consolation des âmes du purgatoire. Son culte se développa tôt en Orient, puis en Europe occidentale où il fut favorisé par trois apparitions dont une en Normandie.

En 708, l'évêque d'Avranches, Aubert, voit dans son sommeil l'archange saint Michel qui lui ordonne d'élever un oratoire sur le mont Tombe. Devant le peu d'empressement du futur saint, le chef de la milice céleste pointa son doigt sur le crâne de l'évêque, si fortement qu'il le lui perça ! L'église Saint-Gervais-Saint-Protais d'Avranches le conserve toujours dans son trésor. Enfin convaincu de la volonté céleste, Aubert s'empressa d'élever un oratoire sur un rocher d'environ 80 mètres qui dominait la vaste forêt de Scissy, où des ermites chrétiens s'étaient établis dès l'époque mérovingienne. Il n'eut pas longtemps à chercher l'emplacement désigné par saint Michel, la rosée du matin ne s'y était pas déposée comme partout ailleurs. Quelques moines s'installèrent sur place tandis qu'Aubert fit venir d'Italie des reliques sacrées. Le Mont-Saint-Michel était né ! Très rapidement, le développement des pèlerinages favorisa son rayonnement et sa réputation. En 840, les invasions normandes incitèrent les autochtones à chercher refuge auprès des moines, ce qui amena la création d'un bourg. Le duc de Normandie, Richard II, fit bâtir au sommet du rocher une si vaste basilique qu'elle put accueillir toute la Cour quand il fit bénir son mariage avec Judith de Bretagne. Au début de la guerre de Cent Ans, l'abbaye s'élevait dans toute sa splendeur. À la Révolution française, elle était en pleine décadence. L'abbaye remplit le rôle de prison jusqu'en 1865 où Napoléon III la rendit au culte. En avril 1874, un décret classa l'abbaye du Mont-Saint-Michel Monument historique. Le rocher, dressé au-dessus des sables et de la mer, dont la foi chrétienne a prolongé l'ascension vers le ciel, est devenu une star touristique. L'U.N.E.S.C.O. l'a reconnu en l'inscrivant dans la liste des sites du patrimoine mondial, culturel et naturel. Le Mont-Saint-Michel est de nos jours une commune de 114 habitants aux confins de la Bretagne et de la Normandie, le site de province le plus visité. Depuis 1897, saint Michel, représenté par Frémiet sous les traits d'un vigoureux jeune homme trucidant avec force le serpent, tout à la fois diable et démon, culmine au sommet de la flèche à 150 mètres d'altitude.

Saint Michel (dragon), livre d'heures de Lorloie, Amiens.

22 septembre 1792 : an I de la République

La connaissance du manifeste de Brunswick qui révèle l'alliance objective entre Louis XVI et le commandant en chef des armées prussiennes et autrichiennes, avec lesquelles la France est pourtant en guerre, est ressentie comme une insupportable trahison. Après sa fuite et son arrestation à Varennes, Louis XVI est déconsidéré à tout jamais. Il a perdu le capital de sympathie dont le créditaient les Français, même au début de la tourmente révolutionnaire. Désormais, les événements vont s'accélérer tragiquement pour lui. Le 10 août, les Tuileries sont prises d'assaut. Le 13, le roi et sa famille sont emprisonnés au Temple. L'Assemblée vote la suspension de la monarchie. La république est proclamée. Le 22 septembre 1792, les Conventionnels décident que tous leurs actes seront désormais datés de l'an I de la République.

Les révolutionnaires pensaient rompre définitivement avec le passé et instituer une nouvelle organisation de la société. Cette rupture devait se concrétiser dans la vie de chaque Français. Le calendrier qui rythme notre quotidienneté ne pouvait y échapper. L'ère républicaine a pour point de départ le 22 septembre 1792, jour de l'équinoxe d'automne. Le calendrier révolutionnaire qui ne sera décidé que le 25 octobre 1793 est l'œuvre du mathématicien Romme et du poète Fabre d'Églantine, auteur de la célèbre chanson : « Il pleut bergère... »

Dans le nouveau système, l'année est divisée en douze mois à même terminaison par groupes de trois, formant approximativement les quatre saisons. La divisions des mois en semaines est supprimée et remplacée par une division par décades. Chaque décade est composée évidemment de dix jours dont le nom est tiré du latin. Primidi, dusdi, tridi... Le suffixe « di » provient du latin « dies » qui signifie jour. Les jours sont divisés eux-mêmes en dix heures. Les noms de saints firent place à des noms tirés du domaine agricole ou scientifique : raisin, are, salsifis, citrouille, bêche, thon, plantoir... Il en est de même pour les mois dont le nom illustre des phénomènes naturels ou ruraux : vendémiaire, le temps des vendanges ; brumaire, le temps des brouillards et des brumes ; floral, l'époque de la naissance des fleurs ; messidor, celui des moissons ; thermidor, la période de la forte chaleur... Le calendrier révolutionnaire subsista quatorze ans. Plus d'un an après la proclamation de l'Empire et un mois après la victoire d'Austerlitz, le calendrier grégorien fut rétabli le 1er janvier 1806, par un sénatus-consulte du 21 fructidor an XIII.

OCTOBRE

Qui sème à la Saint-Léger aura du blé léger.
Octobre vaillant fatigue son paysan.
Pour la Saint-Placide, le verger est vide.
Le jour de la Saint-Denis, le vent se marie à minuit.
Octobre en bruine, l'hiver en ruine.
Vent d'octobre est la mort des feuilles.
Brouillard d'octobre, pluie de novembre, font bon décembre.
Octobre ensoleillé, décembre emmitouflé.
À la Sainte-Eugénie, dans la grasse Normandie, les semailles sont finies.
À la Saint-Luc, sème dru ou ne sème plus.
Quand octobre prend fin, dans la cuve est le raisin.
Les souris qui creusent trop bas, les fourmis qui bâtissent trop haut,
présagent d'un hiver froid.
À la Saint-Crépin, les mouches voient leur fin.
À la Sainte-Antoinette, la neige s'apprête.
À la Sainte-Simone, il faut avoir ramassé ses pommes.
Vilaine veille de Toussaint ne présage rien de bien.
Le vent souffle les trois quarts de l'année comme il souffle
la veille de la Toussaint.
Si l'arbre, l'automne, fleurit une seconde fois,
jusqu'en mai prochain durera le froid.
Pluie à la Saint-Denis, tout l'hiver la pluie.

4 saisons agricoles, 1895.

Octobre

Octobre est ainsi nommé parce qu'il était le huitième mois dans le calendrier romain. En octobre, les Romains et les Grecs fêtaient le dieu des vendanges, Bacchus ou Dionysos. Les bacchanales, marquées par la plus grande licence, furent supprimées au IXe siècle par le concile de Constantinople. Les Égyptiens célébraient la « fête du bâton du soleil ». Personnifié par le dieu Râ, déclinant à l'horizon après l'équinoxe d'automne, le Soleil était censé avoir besoin d'un soutien.

L'heure est à la nostalgie. La lumière devient rasante. Les brumes matinales ou vespérales créent une atmosphère de douceur et d'intériorité propice à la paix. L'été est derrière nous. C'est le temps des ultimes flamboiements. Les feuilles commencent à tourbillonner tristement. Les semailles débutent. Le Soleil quitte l'hémisphère Nord et perd de sa vigueur. L'arrière-saison s'installe ! La beauté de la campagne revêtant une parure aux riches couleurs incite à la méditation. Dans la nature comme chez l'homme, l'épanouissement ne précède-t-il pas le déclin ?

Brumaire, calendrier républicain, deuxième mois de l'année, il commence le 22 ou le 23 octobre et prend fin le 21 ou 22 novembre.

L'hibernation

Demain, l'hiver sera une réalité à laquelle nous commençons tous, déjà, à nous préparer. Tandis que nous calfeutrons portes et fenêtres, ressortons les chandails et faisons encore, parfois, provision de bois, les animaux, eux aussi, prennent leurs dispositions pour affronter dans d'aussi bonnes conditions que possible les rigueurs de l'hiver.

Quand la température commence à diminuer, certains animaux, tels les hirondelles, les cigognes ou les étourneaux, migrent vers des régions plus chaudes. D'autres se protègent par un épais manteau de graisse ou de fourrure.

Les marmottes, les hérissons, les ours, les loirs préfèrent renoncer à lutter contre le froid et le manque de nourriture. Ils entrent en hibernation dans les confortables terriers qu'ils ont creusés au cours de l'été : pendant plusieurs mois, ils vont connaître une véritable léthargie. La température de leur corps passe ainsi de 37 °C à quelques degrés au-dessus de la température extérieure, sans jamais descendre cependant au-dessous de 0 °C. Ils sont en hypothermie. Ces animaux s'adaptent formidablement à ces nouvelles conditions de vie : leur respiration devient très lente, un ou deux mouvements par minute, le rythme des battements cardiaques diminue considérablement, de près de 98 %, les cellules et leurs membranes se modifient pour continuer à fonctionner au ralenti malgré le froid. Pour se nourrir, l'animal puise

Les saisons agricoles : l'automne, 1595, Jan Bruegel.

dans les réserves de graisse qu'il a accumulées dans son corps avant d'hiberner. Certaines espèces réussissent à doubler leur poids avant de s'endormir. D'autres entassent des réserves de nourriture dans leur terrier et viennent puiser dedans entre deux sommeils.

Aucun hibernant ne peut en effet dormir tout l'hiver de façon ininterrompue. On constate des réveils périodiques. Ainsi, la marmotte se réveille tous les quinze jours durant vingt-quatre heures, jusqu'au réveil définitif fin avril, début mai ; la chauve-souris ne le fait que tous les trente ou quarante jours. Alors, en quelques heures, la température de l'animal fait un bond, de plus de trente degrés centigrades, sans activité musculaire, uniquement grâce à la combustion de ses réserves adipeuses et principalement du tissu adipeux brun. Près de 90 % du poids perdu par l'animal pendant l'hibernation semble être dû à ces réveils absolument indispensables à sa survie. Même si la température extérieure reste élevée, l'animal entre en léthargie pendant les mois d'hiver. Une mystérieuse horloge interne le conditionne : perte de poids systématique et adaptation à la température interne aux conditions extérieures sont programmées. Grâce à sa faculté d'adaptation, l'hibernant peut ainsi traverser l'hiver en fournissant un minimum d'efforts. Les économies d'énergie, nous en parlons beaucoup, les hibernants, eux, savent les réaliser.

La cueillette des champignons

La cueillette des champignons et la chasse remplissent activement les dernières belles journées avant l'hiver. « Aller aux champignons », c'est plus qu'un jogging écologique. C'est une façon de communier avec la nature, d'en avoir une vision originale tout en se donnant les moyens de réaliser d'excellentes recettes culinaires, si toutefois on a la sagesse de s'entourer d'un minimum de précautions. Les Grecs aimaient les truffes, engendrées par le tonnerre, si l'on en croit Plutarque. Les Romains, eux, furent de redoutables chercheurs de champignons.

Ils avaient déjà remarqué que le fer rouillé ou la proximité d'un trou de serpent contaminaient les espèces comestibles. « Ce petit fruit qui vient de lui-même », comme le nomme poétiquement Furetière, n'intéresse guère les hommes du Moyen Âge. Sous l'Ancien Régime, les famines aidant, il nourrit les plus humbles.

Au XIXe siècle, tableaux, livres et publications en tout genre mettent en garde les chercheurs contre d'éventuelles erreurs aux conséquences irréversibles. De nos jours, le succès annuel du Salon du champignon au Muséum de Paris et l'intérêt porté à la Société mycologique de France témoignent de la passion des Français pour ce végétal sans fleur ni chlorophylle. Il est aussi cultivé depuis le XVIe siècle. À l'heure actuelle, la France est le second producteur mondial de champignons avec une récolte annuelle de 150 000 tonnes, dont une grande partie est exportée.

L'ouverture de la chasse

La campagne se réveille sous le claquement des fusils. Une armée de chasseurs escortés de chiens envahissent champs et bois. La chasse est ouverte !

Cette activité (certains n'hésitent pas à parler de sport) est un phénomène qui touche 1 800 000 personnes dans notre pays. Son poids économique n'est pas négligeable : environ 7 milliards de francs et plusieurs dizaines de milliers d'emplois.

Dès la préhistoire, l'homme devait chasser pour se défendre, se nourrir et se vêtir. Au Moyen Âge, seuls les privilégiés pratiquaient la chasse à courre et la chasse au vol. La Renaissance voit apparaître les premières armes à feu, généralement lourdes, coûteuses et bruyantes.

Parmi les privilèges supprimés dans la fameuse nuit du 4 août 1789, figure la chasse. Tous les cahiers de doléances mentionnent cette revendication en bonne place. Désormais tout le monde a le droit de chasser. Tandis que le premier fusil basculant à cartouches fait son apparition vers 1830, le nombre de chasseurs se développe considérablement au XIXe siècle. De nos jours, on distingue, en France, trois modes de chasse : la chasse à courre, la chasse au vol et, la plus pratiquée, la chasse à tir. Dans tous les cas, ce « loisir » populaire est maintenant rationalisé et réglementé. N'a-t-on pas créé en 1976 un examen obligatoire de permis de chasser ? Pour le réussir, il convient de connaître les animaux, les armes et les lois relatives à la chasse. Attention aux espèces protégées !

Le Rosaire

Dans le monde catholique, le mois d'octobre est traditionnellement celui du Rosaire. À l'origine, cette prière était proposée à tous ceux qui n'étaient pas assez savants pour lire les Psaumes. Le Rosaire connut un succès exceptionnel dans les milieux caractérisés par une culture rurale et orale.

Il est composé de quinze dizaines de « Je vous salue Marie » précédées d'un « Notre Père » et conclu par un « Gloria ». Pendant chaque dizaine, l'orant médite sur les « Mystères » de la vie du Christ. Ces grands moments de l'itinéraire du Christ auxquels on associe sa Mère sont rassemblés en trois groupes : les Mystères Joyeux (l'Annonciation, la Visitation, la Nativité, la Présentation au Temple, le Recouvrement de Jésus), Douloureux (l'Agonie, la Flagellation, le Couronnement d'épines, le Portement de la Croix, le Crucifiement et la Mort) et Glorieux (la Résurrection, l'Ascension, la Pentecôte, l'Assomption, le Couronnement de Marie).

Le Rosaire, dont le nom signifie couronne de roses ou encore florilège, tient une place toute particulière dans la piété populaire, notamment aux XIXe et XXe siècles.

Cette pratique remonte, au XIIIe siècle, à saint Dominique. Le pape Pie V, de l'ordre des Dominicains, consacra le 7 octobre à la mémoire de Notre-Dame du Rosaire, en souvenir de la victoire remportée par les chrétiens sur les Turcs à Lépante en 1571. De nos jours, à Lourdes, l'un des tout derniers pèlerinages de l'année et l'un des plus importants est celui du Rosaire.

Limiter le Rosaire à une enfilade d'Ave serait caricatural. C'est avant tout une invitation à découvrir la place de Marie dans le mystère du Salut : un Évangile médité en compagnie de la mère du Christ.

Le Rosaire, grand chapelet composé de quinze dizaines d'Ave Maria précédées chacune d'un Pater.

5-14 octobre 1582 ?

Depuis les origines, l'homme a dû poser des points de repère dans le temps, le jalonner, le découper, le codifier. Le calendrier est l'illustration de cette préoccupation constante. Un calendrier qui a connu bien des vicissitudes, bien des hésitations, bien des polémiques, comme en témoignent les faits d'octobre 1582.

Que s'est-il passé en Europe du jeudi 5 octobre au vendredi 14 octobre 1582 ? Rien, strictement rien. Ces dix jours n'ont jamais existé. Ils n'ont pas été oubliés mais volontairement supprimés après discussions, palabres et savantes études afin de rendre à l'équinoxe de printemps la date qui lui avait été fixée par le concile de Nicée en 325. Cette décision du pape Grégoire XIII suscita quelques violentes réactions mais sut s'imposer. Nécessité fit loi.

KL Novembre a .xxx. iours.

La lune .xxx.

.	d	N	La feste de touz sains.
xiij	e	N	La feste des trespassez.
ij	f	N	
.	g	N	
x	A	Nones.	Saint leonart.
.	b	id	
xviij	c	id	
vij	d	id	
.	e	id	
xv	f	id	
iiij	g	id	Saint martin evesq.
.	A	id	
xij	b	Idus.	Saint brix evesque.
i	c	kl	
.	d	kl	Sainte cecrompue vge.

NOVEMBRE

Telle Toussaint tel Noël.
À la Toussaint le froid revient et met l'hiver en train.
La Toussaint arrivée, le blé doit être semé, fruits,
pommes de terre et vin rentrés.
À la Saint-Hubert, les oies sauvages fuient l'hiver.
À la Saint-Charles, la gelée parle.
Chaleur de novembre nuit fort.
Temps couvert à la Saint-Geoffroy amène trois jours de froid.
À la Saint-Martin, l'hiver est en chemin ;
l'été de la Saint-Martin dure trois jours et un brin.
Si le brouillard entoure Saint-Martin, l'hiver passe tout bénin.
Tel jour Saint-Brice, tel jour Noël, tel premier janvier.
Si la première neige ne prend pas, de l'hiver elle ne prendra.
Un mois avant, un mois après Noël, le froid est bon et naturel.
Le mois des brumes, réchauffe par-devant, refroidit par-derrière.
Sème pour Sainte-Cécile ; chaque fève en fera mille.
À Sainte-Flora, plus rien ne fleurira.
À la Sainte-Catherine, tout bois prend racine.
À la Sainte-Catherine, l'hiver s'achemine ; s'il fait froid, hiver tout froid.
À la Sainte-Delphine, mets ton manteau à pèlerine.
La neige des avents a de longues dents.
Autant d'heures de soleil le jour de la Toussaint,
autant de semaines à souffler dans ses mains.

Novembre, cueillette, E. Grasset, XIXe siècle, Suisse.

Novembre

Neuvième mois du calendrier romain placé sous la protection de Diane chasseresse, novembre est désormais le mois du souvenir.

Calendrier, H. de la Nezière, 1900.

La Toussaint

Au milieu de l'automne, la Toussaint tient un langage secret auquel nul n'est insensible.

La fête de la Toussaint est née en Orient. Elle était la commémoration de tous les martyrs. On la célébrait le premier dimanche après la Pentecôte. Le pape Boniface IV l'introduisit en Occident au début du VIIe siècle et fixa cette fête au 13 mai. Ainsi voulait-il honorer la foule des martyrs dont il avait fait transférer les corps des catacombes dans un ancien temple romain connu sous le nom de Panthéon. Pour unifier ces pratiques qui allaient dans le même sens, le pape Grégoire IV obtint en 875 de Louis le Débonnaire de fixer uniformément la fête de la Toussaint au 1er novembre. Ce jour-là, l'Église célèbre joyeusement tous ceux qui, après une vie bien remplie, baignée de Foi et d'Amour, voient se réaliser leur espérance : entrer en Dieu pour toujours. Comment devient-on saint ? Qui a le pouvoir de canoniser ? Dans les premiers siècles, les chrétiens primitifs réservaient le terme « saint » aux martyrs, ceux qui avaient témoigné de l'Évangile jusqu'à la mort.

Jusqu'au XIIe siècle, le peuple, dans sa ferveur, reconnaissait que l'un des siens avait vécu l'Évangile et méritait donc d'être proclamé saint. Il restait à l'évêque le soin de ratifier son choix. Pour éviter certains abus ou empressements aveugles, le pape Grégoire IX se réserva, en 1234, le pouvoir de canoniser après consultation du peuple chrétien. Aujourd'hui, on recense environ 40 000 saints officiellement reconnus par l'Église. La liste n'est pas close ! Chaque année, une dizaine de catholiques sont canonisés par le pape.

Les statues des églises représentent toujours des « chevronnés » de la sainteté, des femmes et des hommes héroïques. Ils sont des « superstars » plus admirables qu'imitables, parfois quelque peu décourageants ! Mais imiter les saints, n'est-ce pas plus s'inspirer de leur esprit que refaire leurs gestes ?

Le saint est un ami de Dieu. C'est un signe au milieu des hommes, des hommes qui sont tous des saints « en devenir ».

Une certaine confusion, ou peut-être association, s'est instaurée. Le 1er novembre, jour de la Toussaint, c'est la fête de tous les saints, connus ou inconnus. Si ce jour est férié, c'est en hommage aux morts pour la patrie, et non pour des raisons religieuses.

Le 2 novembre, on célèbre le jour des morts. La liturgie chrétienne parle de « commémoration des fidèles défunts ». C'est en 998 que saint Odilon, abbé de Cluny, établit dans les monastères placés sous son autorité une messe solennelle « pour tous les morts qui dorment en France ». L'Église invite

La Toussaint,
Émile Friand, 1888.

les chrétiens à témoigner de leur espérance en Dieu, qui appelle tous les hommes à partager sa vie. Une fois l'an, la foule envahit les cimetières pour communiquer avec ceux et celles qui nous ont précédés dans l'au-delà : des hommes et des femmes de chair et de sang, d'égoïsme et de charité, riches de joies et de peines, d'illusions perdues et d'espoirs impossibles. Ils nous ont donné la vie, nous ont permis d'être ce que nous sommes, nous ont transmis le monde. Le chrysanthème, venu du Japon où il symbolise l'immortalité, est désormais indéfectiblement attaché à la Toussaint. Fleurir une tombe, c'est être complice de la mission confiée, dialoguer avec l'invisible, exprimer l'indicible. Pendant quelques jours, les tombes illuminent les brumes de l'automne. Chaque bruyère, chaque chrysanthème est un signe d'espérance dans la nuit de l'indifférence.

Le défilé de l'Armistice devant l'Arc de Triomphe.

11 Novembre

À la onzième heure du onzième jour du onzième mois de 1918, après 1 562 jours de guerre, l'Allemagne doit renoncer. Trois jours d'âpres négociations ont permis aux plénipotentiaires français et allemands de signer, à 5 heures du matin, dans un wagon-restaurant stationné au cœur de la forêt de Compiègne, au carrefour de Rethondes, un armistice de trente-six jours renouvelable entre les deux pays belligérants.

Ce n'est pas encore la paix ; elle ne sera signée à Versailles qu'en juin 1919, mais c'est déjà la reddition allemande et la fin de l'Empire germanique.

Deux hommes dominent cette journée : le « Père la Victoire », le « Tigre », Georges Clemenceau, président du Conseil, ministre de la Guerre et le maréchal Foch, généralissime des armées alliées.

À 11 heures, des coups de canon se font entendre dans le ciel de Paris ; toutes les cloches sont mises en branle à toute volée.

C'est l'explosion de joie générale. Paris connaît une ferveur exceptionnelle, qui n'a d'égale que celle qui s'empare de toutes les communes françaises. Une seule ombre dans cette indicible allégresse générale : un mélange de joie et de deuil s'empare de tous ceux et de toutes celles qui pleurent un mari, un fils, morts pour que vive la France. Un imprimeur rennais, François Simon, avait eu l'idée, dès 1916, du « soldat inconnu ». Elle sera concrétisée dans tous les pays alliés. Le 11 novembre 1920, le corps d'un soldat inconnu, choisi par un rescapé du 234e R.I., orphelin de guerre, Auguste Tain, est inhumé solennellement sous l'Arc de triomphe. Le 11 novembre 1923, le ministre de la Guerre, l'ex-sergent Maginot, y fit jaillir une flamme, vivant et noble souvenir reconnaissant des Français.

Chaque 11 novembre, à l'Arc de triomphe comme devant les modestes monuments aux morts érigés dans chaque village, les Français n'oublient pas les vaillants et intrépides poilus tombés au champ d'honneur : un million et demi pour la France seule, soit 20 % de la population active masculine.

Bonnet de la Sainte-Cather en broderie, carte postale.

Sainte Catherine et les « catherinettes »

Malgré les remaniements qu'a connus le calendrier romain, Catherine est toujours fêtée le 25 novembre. La sainte de ce jour est désormais l'humble fille de la charité, Catherine Labouré, à qui l'on doit la « Médaille miraculeuse », toujours honorée, rue du Bac à Paris. Elle a succédé dans la litanie des saints du calendrier à la très populaire Catherine d'Arménie, martyrisée au IVe siècle, fêtée joyeusement par toutes les « catherinettes ».

Du XIIe au XVIIIe siècle, la fête de sainte Catherine était chômée. Son culte reposait sur une légende, née de la fertile imagination d'hagiographes médiévaux. Cette sainte, seule au paradis à porter la triple auréole : blanche des vierges, verte des docteurs et rouge des martyrs, était de famille royale. Aussi instruite que belle, Catherine, nouvellement convertie au catholicisme, refuse les sacrifices rituels aux idoles ordonnés par l'empereur Maxence d'Alexandrie. Après avoir tenu tête à cinquante grands orateurs et philosophes, sur l'ordre du tyran, elle subit le martyre. Fouet plombé, cachot et enfin extraordinaire machine à quatre roues armées de pointes et de lances acérées tournant deux par deux en sens inverse. Ce raffinement indigne n'est pas suivi d'effet. Une protection angélique épargnera à Catherine les funestes rouages. À bout d'arguments, on finit par la décapiter. Remarquable prodige, ce n'est pas du sang qui coule de ce malheureux corps mais du lait.

Cartes postales représentant les Bonnets de Sainte-Catherine.

Ce martyre explique que Catherine soit devenue patronne de tous les artisans qui utilisent des machines à roues : meuniers, charrons, rémouleurs, potiers, fileuses, cordiers… En souvenir des lames qui l'avaient déchirée, les barbiers se placèrent aussi sous son patronage. Ayant connu les cachots, elle est aussi invoquée par les prisonniers. Sainte Catherine est également la patronne des écoles, des notaires et des philosophes. Pour le grand public, Catherine, modèle de la vierge martyre, dédaigna tout amour terrestre pour devenir l'épouse mystique du Seigneur, et protège les jeunes filles. On l'associe souvent à saint Nicolas, patron des enfants et des jeunes gens.

Sainte Catherine est de longue date invoquée par les jeunes filles en quête d'un mari. Elles la priaient ainsi : « Sainte Catherine était la fille de roi — Sa mère était chrétienne, son père ne l'était pas — O Santa Maria Catharina — Donne-moi l'homme qui me conviendra. » Le 25 novembre, toutes les jeunes filles qui ont eu ou auront vingt-cinq ans dans l'année, dont la prière n'a pas encore été exaucée, coifferont sainte Catherine. Cette expression semble remonter au XVIe ou au XVIIe siècle, où l'aînée de la confrérie des jeunes filles renouvelait la coiffure de la statue de sainte Catherine d'Alexandrie. Les jeunes filles qui remplissent ces conditions sont, de fait, le 25 novembre, catherinettes. Certaines municipalités organisent encore le « bal des catherinettes ». Les prétendantes au titre envié de reine des catherinettes rivalisent d'imagination et de dextérité pour que leur bonnet soit remarqué par le juge. Jadis fait de dentelles et de rubans jaunes et verts, le bonnet des catheri-

nettes revêt aujourd'hui les apparences les plus extravagantes.
Ces vedettes d'un jour, embrassées vingt-cinq fois, connaissent ainsi une éphémère consécration sur leur lieu de travail. Le 25 novembre est devenu la grande fête de la couture et tout particulièrement de la haute couture parisienne.

Le Goncourt, roi des prix littéraires

Prestigieux ou confidentiels, dotés richement ou modestement, les prix littéraires ne laissent personne indifférent. Le Goncourt, le plus convoité d'entre tous, apporte au lauréat une notoriété et des droits d'auteur généralement importants. Il est traditionnellement décerné le troisième lundi de novembre.
Edmond de Goncourt, collectionneur esthète, homme de salon introduit dans la littérature, se proposa en 1885 de créer le prix Goncourt. Par piété fraternelle, il tint à associer à sa démarche son frère Jules, mort en 1870. Son but était « d'aider à l'éclosion des talents, de les tirer des difficultés matérielles de la vie, de les mettre en mesure de travailler efficacement, en un mot de leur faciliter la tâche de produire une œuvre littéraire ».
Dans un testament, il prévoit de créer dans l'année de son décès une société littéraire afin de décerner un prix annuel de cinq mille francs « au meilleur roman, au meilleur recueil de nouvelles, au meilleur volume d'impressions, au meilleur volume d'imagination en prose, et exclusivement en prose, publiés dans l'année ». Grâce au produit des ventes des collections d'Edmond de Goncourt, les jurés, au nombre de dix, tous hommes de lettres, devaient recevoir une rente annuelle de six mille francs. Cette somme appréciable correspondait au salaire d'un sous-chef de ministère. Huit de ces dix membres avaient été désignés de son

Francis Walder, lauréat du prix Goncourt 1958. Les membres du jury discutant avant la proclamation des résultats. Debout de gauche à droite : Heriat, Salacrou, Bauer, Bazin, Queneau, Mac Orlan, Arnoux. Assis de gauche à droite : Giono, Dorgeles, Billy.

vivant par le généreux mécène : Alphonse Daudet, Huysmans, Mirabeau, Rosny aîné, Rosny jeune, Hennique, Paul Margueritte et Gaston Geffroy. Les jurés devaient dîner ensemble une fois par mois et attribuer leur prix au cours du dîner de novembre. Depuis 1915, il a lieu à Paris chez Drouant, fameux restaurant fondé à la fin du XIXe siècle par un jeune Lorrain. Edmond de Goncourt meurt en 1896, mais la validité de son testament n'est confirmée qu'en 1900. En 1903, Émile Combes signe le décret reconnaissant l'académie Goncourt d'utilité publique. Le 21 décembre 1903, les académiciens Goncourt couronnèrent leur premier lauréat : John Antoine Nau, de son vrai nom Eugène Torquet, pour « Force ennemie », paru aux Éditions de la Plume. Cet ouvrage à compte d'auteur ne fut pas un succès de librairie mais souleva une tempête dans le monde des lettres. Il faut attendre la Première Guerre mondiale pour que le prix Goncourt devienne le sésame du succès : « Un homme se penche sur son passé » de Maurice Constant-Weyer, distingué en 1928. Parmi les prix Goncourt best-sellers, « La Condition humaine » d'André Malraux, couronnée en 1933, arrive en tête avec plus de deux millions d'exemplaires vendus.
Présidée jusqu'en 1995 par Hervé Bazin, l'académie Goncourt a fait au cours du siècle des émules. En 1904, la librairie Hachette crée un contre-prix, décerné par un jury exclusivement féminin de « La Vie heureuse ». Il deviendra le prix « Fémina ». Le premier lauréat fut une femme, Myriam Harvy pour « La Conquête de Jérusalem ». Des journalistes qui avaient l'habitude de se retrouver pour attendre les résultats du Goncourt décidèrent en 1926 de créer leur prix : le Renaudot. À ces quatre grands prix, s'est ajouté en 1958 le prix Médicis.

La Sainte-Cécile

Patronne des musiciens, des luthiers, des facteurs d'instruments de musique et des sonneurs de cloches, sainte Cécile est fêtée le 22 novembre. Combien d'orphéons, de sociétés musicales et d'harmonies municipales portent son nom ? N'évoque-t-il pas l'harmonie des sons ?

Sainte Cécile. Vitrail, Buzançais (36).

DÉCEMBRE

Lorsque Saint-Éloi a bien froid, quatre mois dure le grand froid.
Froid et neige de décembre, du blé à revendre.
À la Sainte-Barbe, soleil peu arde.
Neige à la Saint-Nicolas donne froid pour trois mois.
Le jour de Saint-Nicolas, de décembre est le moins froid.
Quand Saint-Ambroise voit neiger, de dix-huit jours de froid,
nous sommes en danger.
En décembre froid, si la neige abonde, en une année féconde
le laboureur a foi.
À la Sainte-Julie, le soleil ne quitte pas son lit.
Au temps de l'avent, les coqs chantent par tous les temps.
Plus il y a de neige, moins il y aura de grêle.
Décembre aux pieds blancs s'en vient, an de neige et an de bien.
Pour que l'année soit de bon aloi, il faut que la neige couvre le sol neuf fois.
Qui en décembre cherche l'ombrier, à Pâques cherchera le foyer.
Tel avent, tel printemps.
Hiver rude et tardif rend l'hiver productif.
Année de givre, année de fruits.
À la Saint-Thomas, les jours sont au plus bas.
Noël au balcon, Pâques aux tisons.
Les jours entre Noël et les Rois indiquent le temps des douze mois.
Noël porte l'hiver dans une besace ; quand il ne l'a pas devant il l'a derrière.
Entre Noël et la Chandeleur, il vaut mieux voir un loup
qu'un valet laboureur.
Si l'hiver ne fait pas son devoir aux mois de décembre et janvier au plus tard,
il se fera voir pour la deuxième de février.
Si à Noël, les blés sont verts, peu de pain pour les maîtres,
beaucoup de paille pour les bêtes.
Chaque Saint-Sylvestre sonnée nous fait plus vieux d'une année.

Hiver 1895.

Décembre

Ce dernier mois de l'année, placé chez les Romains sous la protection de Saturne, père de tous les dieux, pourrait être empreint d'une certaine tristesse. N'est-il pas toujours mélancolique de voir s'envoler les jours et les années ? Mais décembre n'est pas un mois comme les autres. Aux yeux des petits comme des grands, le dernier mois de l'année est celui de l'émerveillement, du rêve, de la paix intérieure. Au fur et à mesure que l'on avance dans la nuit de décembre, un monde merveilleux ne se révèle-t-il pas ?

Sainte Barbe

Le 4 décembre, dans chaque ville et village de France, les sapeurs-pompiers qui, toute l'année, savent être fidèles à leur devise « Courage et dévouement », se réunissent pour fêter leur patronne : sainte Barbe. De très nombreux et très divers patronages lui sont attribués.

Fille d'un riche patricien de Nicomédie, elle naquit en 215. Afin de la soustraire aux effets du christianisme jugés mauvais par son père, elle fut enfermée dans une tour éclairée par deux petites fenêtres. Pour manifester sa foi dans la Trinité, elle réussit cependant à percer dans le mur de sa geôle une troisième fenêtre. Grâce à la complicité d'un prêtre qui se faisait passer pour médecin, elle reçut le baptême. Son père, l'ayant appris, la menaça avec son épée. Elle réussit à s'enfuir et à se réfugier dans l'anfractuosité d'un rocher, qui, miraculeusement s'était entrouvert pour lui donner asile. Mais elle est dénoncée par un berger, qui sera puni par la métamorphose de ses moutons en sauterelles. Faite prisonnière, elle refusera d'abjurer et subira un atroce supplice : ses bourreaux lui arrachent la poitrine avec des tenailles. Trouvant encore le châtiment trop doux, son père la traîne au sommet d'une montagne et, de ses propres mains, lui tranche la tête. Sitôt fait, l'indigne est frappé par la foudre et se consume intégralement.

F. Fourmy de la Compagnie des Sapeurs Pompiers de Courville, 1851.

1896. « Une situation... » Le Petit Par

Un des privilèges les plus appréciés de sainte Barbe était de protéger contre la foudre et la mort subite. De vieux dictons populaires certifient qu'avant l'invention de Franklin, elle faisait office de paratonnerre : « Quand le tonnerre tombera, sainte Barbe me retiendra. » Puisqu'elle protège de la foudre qui allume les incendies, elle était toute désignée pour devenir la patronne de ceux qui les éteignent : les pompiers.

Au XVe siècle, sainte Barbe est devenue la patronne des artilleurs ; plus tard les « X », les étudiants de Polytechnique, se l'approprieront ! Les artificiers suivront leur exemple. Peut-être à cause de la montagne qui s'ouvrit devant elle, sainte Barbe devint aussi la patronne des mineurs et des carriers. Cette jeune fille studieuse partage avec sainte Catherine le patronage des écoliers et des étudiants.

La tour où elle fut enfermée lui valut d'être la patronne des prisonniers, mais aussi des architectes et des maçons puisqu'elle réussit à y percer elle-même une fenêtre.

Un jeu de mots bien facile sur son nom a fait de sainte Barbe la protectrice des tapissiers, drapiers, tisserands, brassiers et chapeliers. Elle est également invoquée en faveur des biens de la terre pour la protection des récoltes.

Cette « clientèle » variée explique l'abondance de statues, chapelles et lieux-dits qui portent le nom de sainte Barbe.

La Saint-Nicolas

Dans l'est de la France, en Belgique, en Allemagne, il n'est pas besoin d'attendre le 25 décembre pour pénétrer dans le monde du merveilleux.

Dans ces régions, dès le 5 décembre, avant d'aller se coucher, on laisse près de la cheminée des carottes et des choux. N'est-il pas normal d'avoir une pensée pour l'âne qui a l'insigne honneur de transporter saint Nicolas ?

Le bon saint Nicolas, recouvert du manteau épiscopal et portant la crosse, passera dans la nuit combler les enfants. Sa hotte contient aussi quelques martinets. Ce triste ministère de la punition est confié à son célèbre acolyte, le père Fouettard, dont le visage et les mains sont souvent barbouillés de noir. Il serait une invention astucieuse ou machiavélique de pédagogues du XVIIIe siècle ! Quelques très sérieux sociologues se sont penchés sur ce duo saint Nicolas-père Fouettard qui représente pour eux « un système double : gratification/sanction ». Michel Foucault voit dans cette tradition une image très représentative du pouvoir disciplinaire, en un mot, du vieux système de la carotte et du bâton.

Saint Nicolas, dont le nom signifie en grec « victoire », est né en 271 dans une riche famille de Patras. Évêque de Myre en Lycie, il souffrit la persécution sous Dioclétien et fut l'un des 318 pères

Saint Nicolas, carte postale.

du concile de Nicée. Ce grand annonciateur de la parole de Dieu mourut à Myre le 6 décembre 342. Son culte se répand en Occident surtout à partir de la translation de son corps, en 1087, à Bari en Italie. L'abondante iconographie de saint Nicolas, qui a envahi l'imagerie populaire, témoigne de la vénération dont il est l'objet. On attribue à une relique déposée dans l'église de Pors, près de Nancy, un grand nombre de miracles. La légende s'est emparée de ce saint. Mille récits plus invraisemblables les uns que les autres en sont nés : saint Nicolas vola au secours d'un navire en perdition et permit aux marins d'en réchapper, sauva de la débauche trois jeunes filles méritantes, évita la famine à une population en péril, délivra un prisonnier... Patron des marins, des jeunes filles, des prisonniers, des marchands, des écoliers, saint Nicolas est avant tout le protecteur des enfants. C'est lui, dit-on, qui redonna la vie à trois petits enfants mis à mort par un boucher, découpés et déposés dans un saloir où ils restèrent sept ans. « Ils étaient trois petits enfants qui s'en allaient glaner aux champs... » Saint Nicolas est aussi invoqué par les avocats et les prisonniers : n'a-t-il pas sauvé des innocents condamnés ? Il est particulièrement honoré en Lorraine. Au XIIe siècle, le sire de Richecourt, originaire des environs de Nancy, ne fut-il pas sauvé des mains des infidèles au cours d'une croisade après avoir invoqué l'aide de ce grand saint ?

Il est bien difficile d'établir une quelconque filiation en la matière, mais à bien des égards, on peut penser que le père Noël est le fils spirituel de saint Nicolas. Ce dernier a le privilège de passer le premier pour les combler, mais tous les deux rivalisent dans le cœur des enfants.

Santon, le berger.

Noël

Avec son message d'espérance et de réconciliation, Noël réalise ce miracle d'être au début de l'hiver une fête de clarté, de joie et de paix. Noël illumine tout le mois de décembre. Depuis fort longtemps des festivités sont liées à la célébration du solstice d'hiver. Les Celtes avaient coutume d'allumer alors de grands feux pour fêter le moment où les jours commencent à triompher de la nuit. En effet, le 25 décembre, jour du solstice d'hiver, les jours cessent enfin de diminuer. Noël ne vient-il pas du latin « Natalis dies » qui signifie naissance du jour ? Cette date symbole de l'espérance a été choisie par l'Église catholique pour célébrer la naissance de l'enfant-Dieu, Jésus, venu sur terre pour sauver tous les hommes et apporter au monde une lumière spirituelle. Noël rassemble les chrétiens dans une même espérance autour de la Nativité : Dieu, éternel et infini s'est abaissé à se laisser limiter par l'espace et le temps ; Dieu est devenu

La Nativité, gravure.

un enfant en un point précis de notre terre et s'est fait solidaire de notre humanité. C'est l'Emmanuel (Dieu avec nous). Les premières célébrations de la naissance du Christ ont probablement eu lieu en Orient. Le 6 janvier, on célébrait à la fois l'adoration des mages et celle des bergers, et moins la naissance de l'enfant divin que son annonce au monde. À cette même date, en Égypte, on célébrait la naissance d'Aïon, fils du dieu Osiris, adoré comme « soleil renaissant » et marqué au front d'une étoile d'or.

Pendant longtemps, l'Église ne célébrait pas Noël. Seule la fête de Pâques revêtait une solennité particulière. La célébration de la naissance de Jésus n'apparaît en Occident que vers 330 sous le nom d'« Adventus Domini » (la Venue du Seigneur). Elle se substitue aux fêtes du solstice et au culte de Mithra, dieu de la vie, dieu qui lutte contre les ténèbres et le mal auquel on sacrifiait en Perse un jeune taureau.

Fête religieuse mais aussi fête païenne, Noël réserve depuis la fin du XIXe siècle une place toute particulière à l'enfant. C'est sans doute la plus belle fête de l'année, à laquelle on se prépare de longue date avec passion et ravissement. L'Avent, temps de pénitence et de conversion, instauré pour se préparer à fêter la venue de Jésus sur terre apparut en Gaule à la fin du Ve siècle. À Rome, ce « carême d'hiver » durait six semaines. Grégoire le Grand le réduisit à quatre semaines vers 590. Les calendriers de l'Avent, venus de Scandinavie, dont on ouvre quotidiennement les volets numérotés découvrant des scènes hivernales, sont le symbole de cette marche vers la lumière et la joie de Noël. Les couronnes de l'Avent concrétisent aussi cette attente de la naissance du Sauveur. Chaque dimanche, une nouvelle bougie est allumée.

Il n'y a guère de traditions plus vivantes et plus populaires, dans la France contemporaine, que les coutumes, les pratiques et les croyances liées à Noël. Pendant quelques heures, tout adulte redevient un peu un enfant. Avec ses sapins décorés de guirlandes, ses bougies électriques et ses cadeaux enrubannés, Noël n'est-il cependant qu'un moment de rêve, un intermède attendrissant, une trêve des confiseurs ?

Saint Luc rapporte que la Vierge Marie a couché l'enfant Jésus, faute de place à l'auberge, dans une mangeoire pour bestiaux, une sorte d'auge dans laquelle on mettait le foin, une crèche. François d'Assise, trois ans avant sa mort, en 1223, eut l'idée, avec la permission du pape Honorius III,

Crèche en liège, XIXe siècle.

de reconstituer à Greccio, petit village des Abruzzes, la Nativité avec des personnages vivants, dans une étable, comme à Bethléem. La tradition de la crèche était née !

Les artistes de chaque siècle ont sculpté, peint ou gravé la Nativité suivant leur inspiration ou les goûts de l'époque. Toutes les fantaisies se sont donné libre cours : des miniatures des livres d'heures aux vitraux de Chartres, des peintures de Fra Angelico à celles des peintres les plus modernes. Les Nativités napolitaines, véritables théâtres aux agencements complexes de statues de terre cuite polychromée grandeur nature occupant parfois toute une chapelle, étaient fort spectaculaires.

En France, au XVIIIe siècle, les crèches des églises étaient composées avec des mannequins de bois aux mains et tête de cire. Personnages et animaux en verre filé de Venise étaient de véritables chefs-d'œuvre fort onéreux. L'emploi de l'argile a considérablement réduit le coût de ces pièces et les mit à la portée de tous. Les crèches familiales apparaissent sous Louis XIV, dans les riches demeures comme dans les foyers les plus humbles. En Provence, dans un décor qui va de la simple étable à la reconstitution symbolique d'un village, les santons, gens de la rue, personnages truculents ou typiques, témoignent d'un art et d'une foi profondément populaires. Le berger, le rémouleur, le meunier, la joueuse de vielle, le tonnelier, le ravi... incarnent le quotidien dans le divin. Chaque année à Marseille, une foire aux santons perpétue une tradition bien vivante. À Rome, il existe des cours pour apprendre à faire des crèches ; des concours sont même organisés. Présentés dans les plus petites églises de campagne comme dans les cathédrales, qu'elles se limitent à un décor ou soient d'ambitieuses scènes vivantes, dans une chapelle latérale ou près de l'autel, en cire ou en biscuit, en bois ou en stuc, les crèches incitent au recueillement, de Noël à la fin janvier. Chaque crèche est un acte de foi.

Au moment où, dans notre culture, on semble glisser du culte de l'Enfant divin à celui de l'enfance, la crèche se veut aujourd'hui, plus que jamais, un message évangélique présent au monde pour lutter contre la banalisation et la folklorisation des fêtes de Noël. Conventionnelle en papier rocher avec statues sulpiciennes, branchée sur l'actualité avec photos de presse et graphiques, ou dépouillée pour mieux aller à l'essentiel : la Vierge et l'Enfant, la crèche est toujours une invitation à s'associer à la démarche d'amour du Christ. C'est toujours l'incarnation de Jésus venu sauver les hommes dans leur vie qui veut être exprimée. Paroissiale ou familiale, loin de tout tintamarre publicitaire ou de mièvres légendes, toutes les crèches témoignent d'une même espérance.

C'est en général auprès d'un sapin que l'on place la crèche. Cet arbre magique, décoré, illuminé, roi éphémère célébrant le culte de la lumière propre à Noël, vient d'Alsace où il était décoré avec des pommes rouges qui rappelaient la tentation d'Ève et des bougies que l'on allumait pour symboliser la venue de Jésus « lumière qui illumine le monde » (Luc, 2, 32). La tradition du sapin, toujours vert, même au cœur de l'hiver, s'est répandu au cours du XIXe siècle en Allemagne puis en Autriche et en Angleterre. En France, le premier sapin de Noël fut planté aux Tuileries en 1837 par la princesse Hélène de Mecklembourg, duchesse d'Orléans, belle-fille du roi Louis-Philippe. Sa généralisation en France, encouragée par la princesse Eugénie,

Roi mage Balthazar.

Crèche de Nevers en verre filé, XVIIIe siècle.

ne date cependant que de la fin du XIXe siècle. La tradition chrétienne voit en lui le « symbole de la foi qui ne meurt jamais » ou encore l'arbre du paradis d'Adam et Ève, que l'on représentait dans certains mystères du Moyen Âge. Les Romains, à l'occasion des Saturnales, ornaient déjà leur maison de feuillages verts en gage de bonheur. En Scandinavie, un sapin était planté devant chaque maison pour la fête de Yul qui célèbre le retour de la terre vers le soleil.

Dans les souliers placés au pied du sapin, le père Noël déposera les cadeaux que les enfants lui ont demandés dans une lettre rédigée avec soin. Comment pouvait-il rester insensible aux ribambelles de bonnes résolutions ? Le père Noël fait son apparition en France au début du XXe siècle. Jusqu'alors, les enfants attendaient fébrilement, selon les régions, le petit Jésus, la tante Arié, saint Martin, saint Nicolas ou le père Janvier... Ce vieillard à barbe blanche, houppelande rouge et hotte d'osier fascine, émerveille et suscite bien des rêves ! Son origine est anglo-saxonne mais il n'a aucun fondement historique. Ce personnage traditionnel est hérité de nombreuses figures mythiques : le saint Nicolas d'Europe du Nord, le Weihnachstmann allemand et le Chrischindi alsacien. Le père Noël vient d'ailleurs, comprend tout, peut tout, réussit à réaliser les souhaits les plus extravagants. N'incarne-t-il pas la générosité absolue ? Il répond à vos attentes, sans contrepartie. Son seul bonheur est de faire plaisir. Des psychologues voient en lui un repère structurant dans la vie des enfants. Quand ils acceptent de renoncer à cette part de merveilleux dans leur vie, une étape symbolique est franchie, celle de l'âge de raison. Désormais, ils sont capables de distinguer le réel de l'imaginaire et de donner une limite à leurs rêves.

Le père Noël fascine mais dérange aussi. Son effigie fut brûlée en 1951 à Dijon sur le parvis de l'église Saint-Bénigne à la demande de l'évêché. Le cardinal Roques, archevêque de Rennes à la même époque, dénonçait les « invraisemblables stupidités d'un imaginaire chiffonnier, dénommé père Noël ». Le cardinal Saliège, archevêque de Toulouse, ne voyait en lui rien d'autre « qu'une invention dont se servent les habiles pour enlever tout caractère religieux à la fête de Noël ». Non. Le père Noël n'est pas une diabolique invention anticléricale ou antireli gieuse. Il n'est qu'un trait d'union entre la joie humaine et le mystère de la naissance de Jésus. Rien n'empêche la hotte et la crèche de coexister en bonne complémentarité ! Malgré ces attaques, ce dispensateur d'émerveillement a la vie dure. Discuté, condamné, repoussé, mais aussi adulé, le père Noël résiste à toutes les tempêtes, à toutes les modes. Peut-être simplement parce qu'il sait répondre à l'indispensable et éternel besoin de merveilleux.

Cependant, pour les chrétiens, Noël ne saurait se limiter au merveilleux. Cette fête appartient au mystérieux en tant qu'elle fait partie du Mystère de Dieu. Dans la nuit du 24 au 25 décembre, les catholiques célèbrent une messe qui évoque la naissance de Jésus-Christ. Elle est aujourd'hui bien souvent précédée d'une veillée. Au retour de la messe de minuit, les cloches sonnent à toute volée pour faire part au monde entier de l'événement : la naissance du Fils de Dieu fait homme. C'est le moment du réveillon où les huîtres, la dinde et la bûche tiennent encore une place de choix même si aujourd'hui chapons, foie gras et homards les concurrencent ! Glacée ou pâtissière, la bûche traditionnelle a remplacé la véritable bûche de bois que l'on mettait dans l'âtre avant de se rendre à la messe de minuit. Bénite, elle devait se consumer, selon les régions, toute la nuit, trois jours ou huit jours, c'est-à-dire jusqu'à l'année suivante, voire douze jours jusqu'à la fête des Rois. Sa combustion était prétexte à de nombreuses prédictions. Les cendres recueillies précautionneusement avaient la réputation de préserver la maison du « feu du ciel » et de porter bonheur à tous ses hôtes.

Les sapins

Les sapins en bonnets pointus
De longues robes revêtus
Comme des astrologues
Saluent leurs frères abattus
Les bateaux qui sur le Rhin voguent

Dans les sept arts endoctrinés
Par les vieux sapins leurs aînés
Qui sont de grands poètes
Ils se savent prédestinés
À briller plus que les planètes

À briller doucement changés
En étoiles et enneigés
Aux Noëls bienheureuses.
Fêtes des sapins ensongés
Aux longues branches langoureuses (...)

Guillaume Apollinaire
« Alcools »

Noël

Douce étable de la terre
Pas plus grande qu'appentis
On y met pelles et pioches
On y rentre les brebis.

Dans l'auberge haute et large
À l'enseigne des rieurs
On se dispute on se goberge
De volaille et de liqueurs.

Des draps blancs de quoi en somme
« T'en payer toute la nuit
« Tu rigoles mon bonhomme
« Pourquoi pas poulet au riz ».

Le Joseph, le malhabile
Sa casquette entre ses doigts
« Donnez-nous ce soir asile
« Ma femme ne va pas bien ».

Cependant la neige tombe
Et par l'huis entrebâillé
Des étoiles d'argent nimbent
Le front blanc de sa moitié.

« Pour la nuit ou bien pour l'heure
« Nous n'avons place pour toi
« Couchez-vous si ça vous chante
« Dans l'étable qui est là ».

Et du doigt désignant l'ombre
Il referme à double tour
Le battant de son auberge
Et la porte de son cœur.

Mais la nuit, malgré les rires
On entend bien des clameurs.
Nom de Dieu ! dit l'aubergiste
Y a le feu dans ma demeure.

Il bouscule la servante
Et s'acharne sur la clef.
Dans la nuit la neige bouge
Comme feuilles de lauriers.

Rassuré il se rapproche
De l'étable des rôdeurs.
Il voit double, il se rapproche
Aux piquets de la clôture.

Un enfant sur de la paille
Tout autour illuminé
Et les gens du voisinage
Debout près du monde entier.

René Guy Cadou
« Hélène ou le règne végétal »

Le Nouvel An

Et la nouvelle année, à la suite brumeuse
Laissant traîner les plis de sa robe neigeuse
Sourit avec des pleurs, et chante en grelottant...

Arthur Rimbaud
« Les Étrennes des orphelins »

Sources iconographiques

Artephot : 25, 26, 42 – Artephot/ADPC : 18, 20, 25 – Artephot/Bapier : 74 – Artephot/Fievet : 49 – Artephot/Fine art Photographic Libory : 44 – Artephot/Fleury : 27, 51, 87 – Artephot/Held : 24, 29, 32, 56, 66, 69, 76, 82 – Artephot/John Pole : 79 – Artephot/Lavaud : 53 – Artephot/Mangin : 83 – Artephot/Meyer : 9, 14, 22 – Artephot/Nimatallah : 11, 35 – Artephot/Oronoz : 74 – Artephot/Perrin : 32, 48, 72, 77 – Artephot/Trela : 73, 88 – Artephot/Vision : 6, 7, 8, 10, 17, 20, 21, 23, 28, 29, 30, 31, 33, 34, 36, 37, 38, 39, 40, 41, 50, 54, 57, 59, 60, 67, 72, 73, 75, 76, 85, 91, 93, 96, 97 – Bibliothèque municipale de Rennes : 80, 81 – Collection privée : 47, 52, 61, 62, 63, 64, 65, 84 – Dastum (Rennes) : 13 – Éditions Citadelles et Mazenod, – Paris/Photo Dominique Genet : 78 – Éric Cattin : 92, 93, 94, 95 – Giraudon : 46 – Keystone : 45, 84, 86 – Le Bon Marché : 12 – Musée du Vieux Marseille : 93, 95 – Musée de l'École de Trégarvan (Finistère) : 56, 70 – Office national de la ville de Douai : 16 Office national du tourisme de Nice : 19 – Scève/Laget : 58.

Couverture : Vision/Genty, Vision/Teniers, Artephot/Vision, Artephot/Bapier, Artephot/Bruegez, Musée du Vieux Marseille

L'illustration du lapin en page 78 est de F. Beaurin Berthélemy

Légendes des pages 6, 14, 22, 26, 38, 46, 54, 60, 68, 74, 80, 88 :
Page 6 : La comédie du Nouvel an, Nouvelle Imagerie d'Épinal – Page 14 : Le combat de Carême et de Carnaval, P. Bruegel l'ancien, 1559, détail, peinture, Musée des Beaux-Arts, Vienne – Page 22 : Les quatre saisons (le printemps), peinture, Grimmer, Abel, 1607, Anvers – Page 30 : Le retour des cloches de France, Le petit journal illustré, 1899 – Page 38 : La ronde autour de May, fête populaire du Nord en l'honneur du roi Henri IV, détail, anonyme, École française, fin du XVIe siècle – Page 46 : Les très riches du Duc de Berry : détail, Musée Condé, Chantilly – Page 54 : La rue Saint-Denis pavoisée, Monet, Musée des Beaux-Arts, Rouen – Page 60 : Après la moisson, le livre des profits champêtres par Pierre de Croiscens – Page 68 : Les vendanges, le livre des profits champêtres par Pierre de Croiscens – Page 74 : La capricorne, tapisserie, Maximilien – Page 80 : Le mois de novembre (Livre d'heures, manuscrit 1558, feuillet 11) – Page 88 : La nativité, graduel et antiphonaire de Florence, Douai.

Conception graphique, mise en page et photogravure : PackÉdit, Paris

Édition exclusivement réservée aux adhérents du club
Le Grand Livre du Mois
15 rue des Sablons - 75116 Paris
Réalisée avec l'autorisation des Éditions Ouest-France

I.S.B.N. : 2.7028.2684.9 - Dépôt légal : octobre 1999
Mame Imprimeur (37)